無理せず毎月5万円！

超初心者でも稼げる在宅ワークの始め方

How to start working from home and earn money for beginners

野川ともみ
Tomomi Nogawa

あさ出版

はじめに

やりたいことがない。趣味もない。

かといって、特別なスキルを持っているわけでもない。


5年前、幼い子どもがいる専業主婦だった私は、頼れる両親や親戚も近くにおらず、働きに出たいと思っても動けずにいました。

仮に保育園に預けて働いても、結局、その分は保育料に消えてしまうことも、動けなかった理由の1つです。

「子どもに習い事もさせてあげたいし、旅行にも連れて行ってあげたいのに……」

お金のせいであきらめなくてはいけないことが多く、そんな生活がとてもイヤでした。

「外に働きに出られないのなら、もう自宅で働くしかない！」と、自宅でシール貼りやテープ起こしの仕事をすることに。当時は、「自宅で働く」＝俗に言う「内職」しか思いつかなかったのです。

しかし、現実は厳しいものでした。

ダンボール1箱分のシール貼りを毎日1～2時間ほどやって1カ月で約３０００円の収入、テープ起こしのアルバイトも時給換算で５００円という収入しか得ることができませんでした。

はじめまして。野川ともみと申します。

数年前の私は、このように、「お金が欲しいけど、働けない」という悩みを抱えながら、過ごしていました。

でも今は、時間に縛られることも、お金に困ることもなく、充実した毎日を過ごしています。

また、子どもと家にいた頃に書いた１００個の夢も、気づけばそのほとんどを叶えることができています。

・「野川さんがいてくれてよかった」と言われるような仕事をする
・子どもがやりたいことはすべて挑戦させてあげる
・会いたい人にすぐ会える行動力とお金の余裕を持つ
・カナダにオーロラを見に行く
・憧れの起業家さんと仕事をする　など

当時は「叶うはずないよね～」と思いながら書いたものまでも叶っているのです。

やりたいこともスキルもない、さらに子育てでいっぱいいっぱいだった私が、なぜこのような生活を手に入れられたと思いますか？

その答えこそ、「在宅ワーク」という選択をしたからです。

そういうと、

「何か特別なことをしなくちゃダメなんでしょ？」

「私にはそんなスキルがない」

と思う人がいるかもしれませんが、そんなことはありません。

たとえば、よく耳にする「アフィリエイト」「ポイ活（ポイント活動）」「モニター・アンケート」などは、特別なスキルがなくてもできる在宅ワークです。


私の場合は、たまたまテレビで見た「オンライン秘書」という仕事にエントリーをしたことが在宅ワークを始めたきっかけでした。

オンライン秘書は、特別な資格などは必要なく、仕事内容も誰でもできる事務作業がメインだったため、やりたいこともスキルもなく、子育て中であった私にもできました。


その仕事がきっかけとなり、今では2つの会社を経営しながら、子育て中でも働きたい女性のために、在宅ワークの方法をお伝えするコミュニティを主宰しています。

実際、私のコミュニティには、

・本業の何倍も副業で稼いでいる60代の女性
・アパレルのパートと在宅の副業で、月20万円稼いでいる30代のママ
・アルバイトを経て、月収50万円を安定して稼いでいる40代のセミナー講師
・苦手なパソコンを克服し、今やオンラインツールを駆使して月収80万円を稼いでいる50代のカウンセラー

など、在宅ワークで成功している方がたくさんいます。

彼女たちも最初から「これをやりたい」「このスキルを活かしたい！」という気合いがあったわけではありません。

「面白そうだからやってみよう」「お小遣いを少し稼げたらいいいな」くらいの軽いノリで始めた方がほとんどです。

在宅ワークを始めるのに、経験も、特別なスキルもいりません。

これからの時代は、会社に属さず、個人で稼ぐことの需要は確実に増えていくでしょう。
特に女性は、結婚、妊娠、出産、子育て、介護など、ライフスタイルが変化しやすいため、環境の影響をそれほど受けずに在宅ワークで稼ぐことができるようになれば、大きな安心にもつながります。

この本を手にしてくださったあなたは、

「何かやりたいけど、何をしたらいいかわからない」
「(子育てや介護などで)会社に属することがむずかしい」
「長い間、働いていないから不安」

こんな悩みをお持ちかもしれません。
この本は、そんなあなたのために書かれた本です。

何も犠牲にすることなく、今のライフスタイルを変えずに稼ぐという働き方は、在宅ワークでしか叶えることはできません。

つまり、在宅ワークとは、**あなたがあなたらしく生きていける働き方**なのです。

前置きはこのくらいにして、いよいよ本題に入りましょう。

この本をきっかけに、あなたが素晴らしい人生を歩むことができたら、著者として、これほどうれしいことはありません。

2021年7月

野川ともみ

はじめに　3

Chapter 1
やりたいことがなくても大丈夫

在宅ワークなら自由に働き方を選べる　16
在宅ワークの魅力　20
「やりたいこと」はなくていい　24
特別なスキルがなくてもOK　27
ライフスタイルに合わせた働き方ができる　29
パソコンが苦手でも大丈夫？　34
迷ったときの3つのルール　36
時代の波に乗ろう　40
「目的」と「ルール」を決めておこう　43
自分の力で5万円を稼いでみよう　46

Contents

work 1 在宅ワークをする目的とルールを決める 48

Chapter 2

在宅ワークで役立つ6つのスキル

在宅ワークで役立つ6つのスキルとは 50
スキル1 想像力 52
スキル2 直感力 54
スキル3 共感力 56
スキル4 リサーチ力 58
スキル5 チームワーク力 60
スキル6 セルフプロデュース力 62
在宅ワークでもっとも大切なのは行動力 64
在宅ワークで視野を広げよう 66
work 2 行動力をアップするための魔法の2文字を使いこなす 68

Chapter 3

おすすめの在宅ワーク16選

主役・脇役・エキストラ、自分に合った役で働こう 70
在宅ワークにおすすめの職種を紹介 76
WEBデザイナー 78
ライター 82
動画編集・動画クリエイター 86
ハンドメイド作家 90
アフィリエイター 94
ポイ活(ポイント活動) 98
モニター・アンケート 102
ECサイト・ネットショップ運営 106
占い師 110
オンライン秘書 114
士業・コンサルタント 118
プログラマー 122

Contents

カウンセラー・コーチ 126
広告プランナー 130
アニバーサリープランナー 134
カメラマン 138
人間力と能力の2つをバランスよく持とう 142
work 3 自分に合った働き方を自由に選ぶ 144

Chapter 4 在宅ワークで成功するための3つのポイント
ポイント① マインド 146
ポイント② スキル 156
ポイント③ ツール 166
人生は自分でデザインできる 172
work 4 ワクワク未来マップを作る 174

付録

在宅ワークでよくある質問Q＆A

Q1．夫の扶養範囲内で働くにはどうしたらいいですか？ 176
Q2．夫にバレずに働くことは可能でしょうか？ 178
Q3．顔出しをせずに働くことはできますか？ 180
Q4．集客できるか不安です……。 182
Q5．会社にバレずに副業できますか？ 184
Q6．在宅ワークすることを家族に反対されていて協力を得られません……。 186

おわりに 188

企画プロデュース／後藤勇人（女性起業ブランディングの専門家）
編集協力／加藤道子
イラスト／北村友紀
本文デザイン／内藤富美子（北路社）

Chapter 1

やりたいことがなくても大丈夫

在宅ワークなら自由に働き方を選べる

「1年後の未来を想像してください」

そう言われたら、あなたはどんな未来を想像しますか？

5年前の私は、将来のことはおろか、1年後の自分についてさえ真剣に考えたことがありませんでした。

もし考えたとしても、当時は子育てをして家族のためにご飯を作って、子どもが小学生になったらパートをするという未来を描いたでしょう。

どこにでもいる、本当に普通の専業主婦だったのです。

そんな私が今、広告代理店とコンサルティング会社の2つの会社を経営し、約2億円の売上をあげています。

住みたい場所に住み、自由に時間を使える。そんな理想的な生活も、在宅ワークをしているからこそ成し得たことです。

ひと言で「在宅ワーク」といっても、さまざまな働き方、契約形態があります。代表的なものは、次の4つです。

・副業……副収入を得るために、本業以外の就労を行う
・業務委託……委託されて仕事のサポート業務を行う
・フリーランス（個人事業主）……個人で仕事相手と契約を交わして働く
・起業……新しく事業を起こす

どれも、自分のライフスタイルや目的に合わせて働くことができます。
たとえば、本業のほかにプラスアルファの収入を得たいなら、「副業」を始めて、それが軌道に乗ったときに「起業」してもいいでしょう。

また、産休・育休中に、「副業」や「業務委託」で働く、子どもが小学校に入ったタイミングで「フリーランス」で働くなど、働き方は人それぞれです。

これからの時代は、どのように働くかを自分で決められる時代です。

会社に自分を合わせるのではなく、より快適なライフスタイルを手に入れるために、働き方も自分で自由に選びましょう。

あなたに向いている働き方がわかるYES/NOチャート

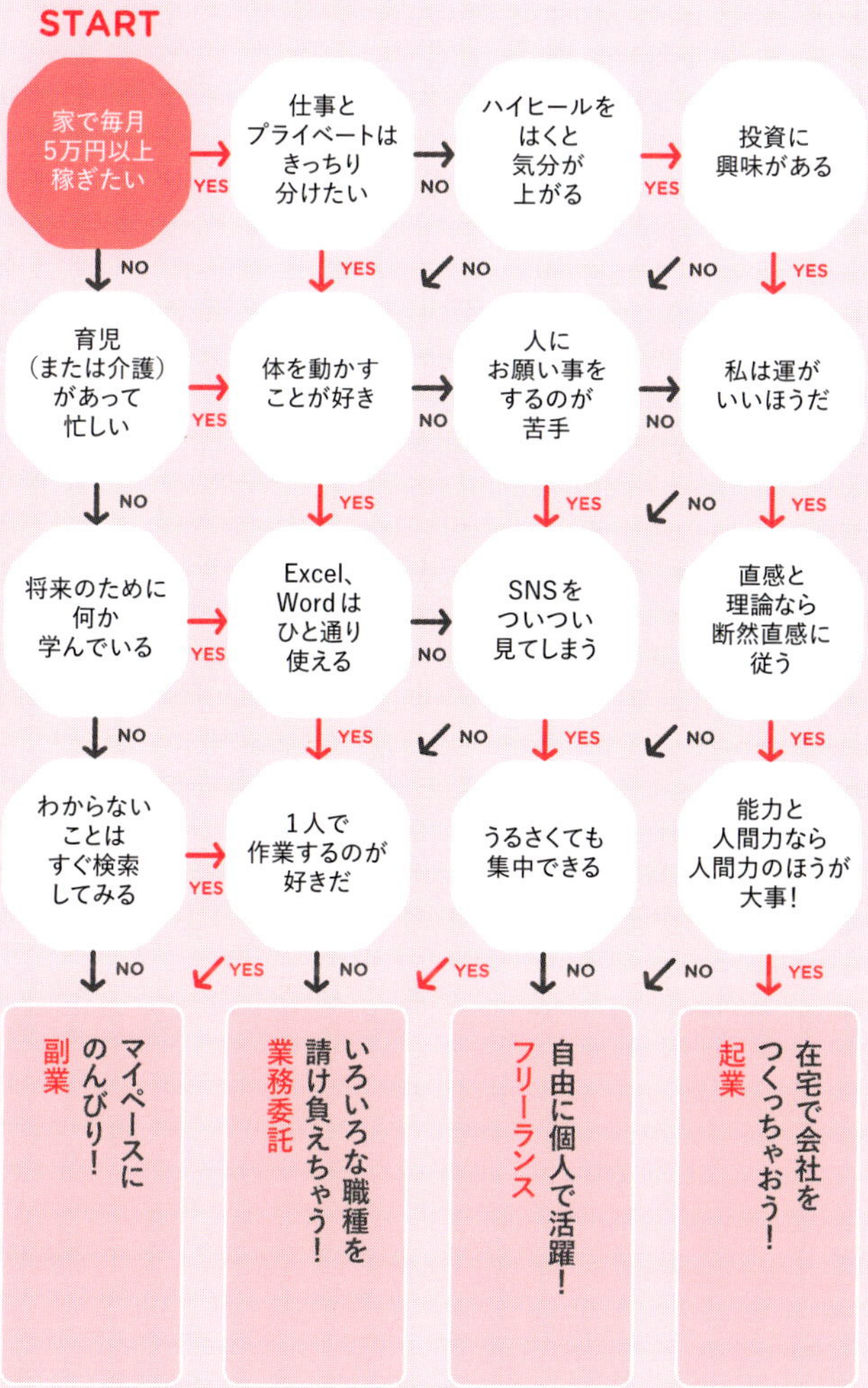
START
家で毎月5万円以上稼ぎたい
仕事とプライベートはきっちり分けたい
ハイヒールをはくと気分が上がる
投資に興味がある
育児（または介護）があって忙しい
体を動かすことが好き
人にお願い事をするのが苦手
私は運がいいほうだ
将来のために何か学んでいる
Excel、Wordはひと通り使える
SNSをついつい見てしまう
直感と理論なら断然直感に従う
わからないことはすぐ検索してみる
1人で作業するのが好きだ
うるさくても集中できる
能力と人間力なら人間力のほうが大事！
YES
NO
マイペースにのんびり！
副業
いろいろな職種を請け負えちゃう！
業務委託
自由に個人で活躍！
フリーランス
在宅で会社をつくっちゃおう！
起業

在宅ワークの魅力

在宅ワークの魅力は、なんといっても「**時間と場所に縛られない**」ことです。

家で働けるということは、どこでも働けるということです。海外に住んでも、今と同じ仕事ができるのです。

今だからいえることですが、私は実家に帰省しているときや、ディズニーランドの待ち時間にも仕事をしていました（今はオンオフをしっかり分けています）。

それくらい、働く場所に縛られません。

働く時間も自由なので、子どもが昼寝をしている間など、家事や育児のスキマ時間にも仕事ができます。

移動もないので満員電車に乗ることもありません。今いる場所がオフィスになるので、**移動時間や移動費用がかからない**のも大きな魅力です。

また、会社員の場合は、給料以外の収入があれば、会社がイヤになったらすぐに辞めることができますし、万が一、会社が倒産したとしても、突然収入がゼロになるということはありません。

将来の不安を軽減してくれるというメリットもあります。

これからの時代、会社に人生を委ねるというのは、ハイリスクな働き方です。

ところで、「キッザニア」という施設を知っていますか？

子どもがさまざまな仕事を体験できる施設なのですが、残念ながら、大人には「キッザニア」のように、職業を気軽に経験できる場所も機会もありません。

しかし、在宅ワークは経験がなくても、「ちょっと試してみようかな？」という**軽い気持ちでスタートすることができます。**

うまくいけば続ければいいいし、イヤならすぐに辞めればいい。辞めたからといって、誰かに文句を言われることもありません。

私のコミュニティのなかには、「軽い気持ちで始めた仕事が天職になった」という人も数多くいます。

そういう人たちの多くは、「少しだけ興味があったから始めてみた」という人ばかりです。

「まさか私が在宅で副業するなんて自分でもびっくり」という方もいます。

在宅ワークはそんな始め方でいいのです。


女性はライフスタイルの変化により、仕事や働き方を変えなくてはならないことがあります。

たとえば出産前後は物理的に働けませんし、出産後も今までと同じように働くのはむずかしいでしょう。

何より私自身がそう感じていました。

そういう意味でも、家族を支えながら、子育てもしながら仕事をしたいと悩む女性にとって、在宅ワークはメリットの多い、魅力的な働き方だといえます。

在宅ワークの５つの魅力

移動時間や
移動費用が
かからない

時間を
自由に使える

成功したら
経済的な不安が
なくなる

場所に
縛られない

気軽に
スタート
できる

「やりたいこと」はなくていい

起業や副業に関する本やネットなどを見ると、ここぞとばかりに「やりたいことをしよう」「好きなことで稼ごう」などと書いてあります。

私は、そんな言葉を見るたびに、「好きなことなんてないし、やりたいこともない……」と思考が止まっていました。

「私だって、やりたいことさえ見つかれば人生が変わる」と思い込んでいたのです。

学生の頃から、やりたいこと探しのために、自己啓発本を読んだり、バックパック旅行をしたり、海外短期留学や手帳術、引き寄せ、瞑想、スピリチュアルなど、あらゆることにチャレンジしてきました。

しかし、探せば探すほど見つからない。むしろ、遠ざかっていくような気がして愕《がく》然《ぜん》としました。

その頃の私は、やりたいことや好きなことに出会ったら「これが私が探していたものだ！」と、雷に打たれたように気づくと思っていたのです。もちろんそんな人もいるかもしれませんが、決して多くはないでしょう。

また、「やりたいこと＝職業」だと思っていたのも間違いでした。

やりたいこととは壮大なものでなくていいですし、職業で考える必要もありません。たとえば、**生きている証を残したい、困っている人を助けたい、おばあちゃんを笑顔にしたい、自由になりたい、好きな人と暮らしたい、毎日笑顔で過ごしたい……、これらも立派なやりたいこと**です。

このことに気づいてから私は、「やりたいことで稼ぐ」ということのハードルが下がり、とても楽になりました。

ある女性は、「ヒールをコツコツ鳴らしながら空港でトランクケースを引いて、東京に出張に行きたい」という夢があったそうです。

そして、それが実現したとき、とてもうれしかったと言います。

こんな小さなことでも、立派な「やりたいこと」です。

あなたがもし、「やりたいことがないから、何から始めたらいいかわからない」と悩んでいるなら、無理にやりたいことを探す必要はないと、身をもって断言します。

むしろ、「やりたいことを仕事にしたい」と思う人ほど、理想と現実のギャップに苦しんだりします。

だからこそ、在宅ワークを始めるには、「やりたいことなどなくていい」といっても過言ではないのです。

特別なスキルがなくてもOK

ここまで読んで、「在宅ワークの魅力はわかったし、やりたいことがなくてもいいことはわかったけれど、私にはスキルがないから無理だ」と思った人がいるかもしれません。

しかし、安心してください。

特別なスキルがなくても、在宅ワークで稼いでいる人はたくさんいます。

「スキル＝資格」と考える人がいますが、それは違います。

たとえば、人の悩みを親身になって聞いてあげることや、人とコミュニケーションがスムーズにとれること、掃除や片づけが好きなこと、キャラ弁作りが好きなど、これらもすべて「スキル」です。

「はじめに」でもお話ししたように、私がはじめて在宅で働いた「オンライン秘書」という仕事も、ハガキを出したり、メール対応をしたりと、簡単な業務内容でした。

当時の社長には、「あなたの唯一の長所は、行動力があるところですね」と言われていたほど。

つまり、**スキルとは、「資格」ではなく、あなたの「強み」です。**

誰にでも1つや2つ、得意なことが必ずあります。その「得意なこと」とは、「人よりも早く、無理なくできること」です。これこそが、あなたの「強み」です。

在宅ワークなら、その強みを最大限に活かしながらビジネスをすることができます。

「スキルがないから無理」とあきらめてしまわず、ぜひチャレンジしてほしいと思います。

ライフスタイルに合わせた働き方ができる

在宅ワークは、あなたのライフスタイルに合わせた働き方ができます。

ここでは、実際に自身のライフスタイルに合わせて在宅ワークをスタートし、成功している女性たちの例をいくつかご紹介しましょう。

ケース1　Aさんの場合（月収120万円）

WEBデザイナー（会社員）➡専業主婦・副業➡オンライン秘書➡広告プランナー

これは私です。もともとWEBデザイナーとして働いていましたが、2人目の出産を機に専業主婦に。子育てのスキマ時間を利用し、アフィリエイターとして副業を始めました。でも、最高月収は、2000円ほどでした。

その後、オンライン秘書業務の一環でネット広告運用を行い、そこで得たスキルを活かし、広告プランナーとして在宅で起業しました。

ケース2　Bさんの場合（月収20万〜30万円）

営業職⬇専業主婦⬇アパレル（パート）⬇腸活インストラクター&WEB業務

Bさんは、子育てをしながら正社員（時短）で営業をしていましたが、子どもが病気になるたびに休まざるを得ず、働き方を変えたいと思うようになりました。

その後、専業主婦を経てアパレルのパートに転職。そのかたわら、出産前後から悩んでいた便秘が腸活により回復したことをきっかけに、腸活について本格的に学び、今は大好きなアパレルのパートと腸活インストラクター、さらにはWEB関連の業務委託を請け負い、3つの仕事をバランスよく行っています。

ケース3　Cさんの場合（最高月収1000万円）

アルバイト⬇専業主婦⬇マーケター&コンサルタント

Cさんはパチンコ店でアルバイトをしていたとき、パニック障害になってしまいました。アルバイトを辞め、その後結婚し、専業主婦となります。

パニック障害で通勤がつらかったため、自宅で働けるようにと、WEBマーケティングのスキルを学び、今は起業家のマーケティング担当として在宅で仕事をしています。

また、自分自身の経験をもとに、女性が自由に働くことができるよう、起業支援のコンサルティングも行っています。

ケース4　Dさんの場合（最高月収50万円）
週3の時短パート ➡ ファッションコンサルタント

結婚して、地方でフリーペーパーの編集のパートを週3でしていたDさん。しかし、もともと好きだったファッション関連の仕事をしたいと、子育ての合間にファッションの勉強をスタートしました。

今では、全国に受講生がいるファッションコンサルタントとして活動しています。

ケース5　Eさんの場合（月収25万円）

サービス業➡アロマセラピスト

昼夜逆転のお店で夜から朝まで働いていたときに、自律神経の乱れから体調が悪くなったEさんは、体を癒すことに興味をもち、アロマテラピーやセラピストの勉強を始めたそうです。

その後、おうちでサロンを開業し、女性特有のホルモンバランスを整え、香りとマッサージで女性を癒す仕事をしています。

ケース6　Fさんの場合（月収30万円）

物販マーケター➡専業主婦➡スピリチュアリスト（セミナー講師）

通販会社のマーケティング部でバリバリ働いていたFさんは、子どもが小学生に上がり、不登校になったため仕事を辞めることを決断。

その後、子どもの気持ちをもっと深く知りたいと自分の在り方を見つめるなかで、スピリチュアルの世界について学び、今はスピリチュアルを教えるオンライン講座でセミナー講師として活躍しています。

ここで紹介したみなさんが行っている在宅ワークの職種は、もともと経験やスキルがあった分野のものではありません。

それでも、実際に成果を出し、今は時間とお金に余裕のある毎日を過ごしています。

人はいつからでも働き方を変えることができます。

決してむずかしいことではなく、誰にでもチャレンジできるということがおわかりいただけたのではないでしょうか？

パソコンが苦手でも大丈夫？

特別なスキルは必要ないとお話ししましたが、在宅ワークを始めるにはやはり基本的なパソコンスキルは身につけたほうがよいでしょう。

とはいえ在宅ワークの場合、とりあえずは、

・メールのやりとりができる
・文字入力ができる

の2つをマスターすれば仕事はできます（職種によっては、スマホで間に合う場合もあります）。

パソコンにあまり触れたことがない人からすると、ハードルが高く感じるかもしれ

ません。

実際、ママ友からも「野川さんはパソコンできるからいいよね。私はパソコンできないから、在宅ワークなんて無理」と言われたことがあります。

しかし、誰もが最初からパソコンが得意というわけではありません。

パソコンをあまり触ったことがない人や苦手な人でも、毎日触っていれば、3カ月ほどで最低限のパソコンスキルは身につきます。

人差し指でキーボードを打つレベルからスタートしてもOKです。

やる気さえあれば、必ず使いこなせるようになるのでご安心ください。

できないことができるようになればなるほど、可能性はどんどん広がります。

また、小さな成功体験を積み重ねていくと自信がつくため、若々しく魅力的にもなります。前向きになるために仕事がしたいという女性も、私の周りにはたくさんいらっしゃいます。

「パソコンはむずかしそう」と敬遠せず、まずは触れることから始めてみましょう。

迷ったときの3つのルール

先ほどの実例（29ページ）でもわかるように、在宅ワークは過去に経験がない職種でも問題ありません。

言い換えれば、これまでとまったく別の職業に就くことも、会社を経営することもできるということです。自由に職業を選べるわけです。

しかしながら、人は選択肢が多ければ多いほど選びにくくなるものです。

人は1日3万5000回の選択をしながら生きており、多くの人が無意識に「決断疲れ」をしています。

たとえば、レストランで友達が頼んだ料理が運ばれてきたとき、「あっちのほうが美味しそうだった。失敗したかも」なんて思うことがありますよね。

人は、選んだものに対して失敗したと思う経験を繰り返すと、さらに決断することが億劫になります。

悩めば悩むほど、挑戦が遅れてしまいます。

在宅ワークは、あなたが決断することがスタート地点です。

だからこそ、決断に迷ったとき、どういう視点で答えを出すかが大切です。

私が実践している「迷ったときの3つのルール」をお教えするので、よろしければぜひ参考にしてみてください。

1. 条件で選ばず、楽しそうなほうを選ぶ

「わりがいいから」「次につながるかもしれないから」という理由で仕事を選ばないことです。このような理由で選ぶと、当てが外れたときにがっかりしてやる気が失せてしまいます。

たとえ報酬が少なくても、あなたが「楽しそうだ」と思ったほうを選びましょう。

私の経験談ではありますが、楽しそうだと思ったほうは、のちにそれ以上の報酬をもたらしてくれることが多いです。

2．誰とやるかを優先して考える

在宅ワークでも、チームで仕事をすることはあります。

有能でもあなたが苦手な人と仕事をするよりも、あなたが好意を持てる相手と仕事をしましょう。

仕事は人間関係があってこそ、成り立ちます。

仕事相手は、1つのゴールに向かって、同じ速度、同じ温度で走っていける人を選んだほうが、結果的に成果を得やすいです。

3．信頼できる人に相談する

選択に迷ったとき、信頼できる人に相談しましょう。

できれば同業者で、状況をわかっている人に相談するのがベストです。

また、新しいことを始めるときに「ドリームキラー」が現れることがあります。

直訳すると「夢を壊す人」という意味ですが、あなたが何か大きな決断をしようとしたときに「そんなのうまくいかないよ」「今でも十分幸せでしょ」と、ささやいてくる人です。

一般的には、家族や友達など身近な人に言われることが多いですが、そんなときは**「自分の本気度を確かめるために現れてくれたんだ！」「私が変われるチャンスがきた！」**とポジティブにとらえることが大切です。

ドリームキラーの言葉に惑わされないためにも、信頼でき、いつでも相談できる人を確保しておくことはとても大事です。

在宅ワークは1人ですべて決めるため、迷うことも多いでしょう。

そんなときはぜひ、このルールに立ち戻ってみてくださいね。

時代の波に乗ろう

生涯賃金は、どんな仕事を選ぶかで決まるといわれています。

それならば、在宅ワークをするにも、今後成長する仕事や利益率のいい仕事、時代の波に乗れる仕事をしたほうがいいでしょう。

では、どんな仕事がそれに当てはまるのでしょうか。

次に紹介する4つのポイントをクリアしているかどうかが見極めるコツとなりますので、参考にしてみてください。

1.「固定費・初期費用」が少ない仕事

在宅ワークを始めるには、パソコンを購入したり、Wi-Fiを設置したりなど、少なからずコストがかかります。

固定費・初期費用が少ないと、毎月かかるコストが低いため、始めやすく辞めやすいというメリットがあります。

私の会社は社員がおらず、一緒に働いているメンバーは業務委託のみです。メンバー全員が在宅で仕事をしているので賃料も光熱費も不要です。

2.「利益率」がいい仕事

利益率とは、売上高に対して利益がどれくらいの割合を占めているかを表すものです。利益率が低いとどんなに頑張っても十分なお金を稼げません。

いくら売上があっても、支出が多ければ手元に残らないので、利益率を意識することは非常に重要です。

3.「今後10年はなくならない」仕事

在宅ワークを始めるときは、短期ではなく長期的に考えましょう。

せっかく働き始めて稼げるようになっても、一時的なものであれば意味がありません。今後10年はなくならないだろうと考えられるもので、将来につながる業種を選択しましょう。

4.「時給」ではない仕事

1日は24時間と決まっています。どんなに頑張っても、時給で稼げる金額には限度があります。その点、在宅ワークは売上に限度がありません。時代のニーズに合ったアイデアと頑張り次第で、いくらでも稼ぐことができます。

せっかくなら、少ない時間で、継続的に多く稼げる仕事がしたいですよね。在宅ワークを始めるときは、ぜひここで紹介した4つのポイントを、参考にしてみてください。

「目的」と「ルール」を決めておこう

在宅で稼ぐには、やりたいことはなくてもいいとお伝えしましたが、目的を決めることは大事です。

なぜなら、1人だからこそ、しっかりとした目的がないと頑張れないからです。

まず、稼いだお金で何をしたいか、考えてみましょう。

「家族旅行に行きたい」「新しいソファが欲しい」など、なんでも構いません。

ちなみに私は、「子どもの学習塾代を払うこと」が最初の目的でした。

人は目的を決めないと自然と行動しなくなってしまいます。

在宅ワークは誰にも見張られていない分、「ま、明日でいっか」と思いがちですが、日々のタスクを明確にしておけば、ビジネスパーソンとしての意識を忘れずに済みます。

つまり、仕事を長く続けるには、長期的な目的と日々の目的を決めることがとても重要なのです。

在宅ワークをして何を叶えたいか、始める前に一度考えてみましょう。

また、目的だけでなく、働くうえでのルールを明確にしておくことも大事です。

たとえば、

「3カ月経っても5万円稼げなかったら今の方法をやめる」
「子どもが保育園に行っている間だけ働く」
「身の周りのことがおろそかになったら、仕事の進め方を変える」
「月10万円を限度に、無理なく稼ぐ」

事前にルールを決めておかないと、間違った方法をずるずると続けてしまったり、結果が出る前にあきらめてしまったりすることがあります。

まずは働く時間や稼ぐ金額などからルールを決めるといいでしょう。

家族との時間を犠牲にしてまでのめり込んでしまったり、働きすぎて身体を壊したりということがないよう、ルールを決めてから始めるようにしましょう。

自分の力で5万円を稼いでみよう

もし、毎月プラス5万円の収入があったら、あなたは何をしたいですか？

「週末くらいは家族で外食したい」「すべて無農薬野菜に変えたい」など、人それぞれ具体的な希望が出てくることでしょう。

しかし、ご主人の給料が突然5万円上がるという可能性は少ないですし、あなたが今している仕事の給料が突然5万円上がることも現実的にむずかしいのではないでしょうか。

在宅ワークなら、それが可能です。

まずは5万円を稼ぐノウハウを身につけてください。

私のコミュニティでは、約7割が月5万円以上の報酬を安定して手に入れています。

しっかり行動すれば、3カ月ほどで月5万円を達成できます。

その後、1年ほどで月100万円～数千万円ほどの報酬を手に入れる人もたくさんいます。

しかし、ノウハウを得ても、いつもと同じ忙しい毎日を過ごすうちにやらなくなってしまう人がとても多いです。

大切なのは行動し続けることです。

月収5万円を達成できたら、それを2倍、3倍に増やすことはむずかしくありません。

何よりもまずは、月5万円稼ぐことを目標にしましょう。

そう固く決意したら、Chapter 2へと進んでください。

work 1

在宅ワークをする目的とルールを決める

在宅ワークをするには、目的とルールを決めることが大事だとお話ししました。このワークでは、下記の空欄を埋めることで、あなたの在宅ワークの目的とルールを明確にします。

目的

私は在宅ワークで、まずは５万円稼ぎます。５万円稼いだら、
（例：家族で遊園地に行きます）

・

・

ルール（時間の場合）

目標達成のために、自分のために使える時間を考えてみましょう。

平日は、＿＿＿＿分（例：60分）

休日は、＿＿＿＿分（例：120分）

仮に、その時間を３カ月、自分のために使ったら、

平日＿＿＿＿分×22（日）×３（カ月）＝＿＿＿＿分
（例：60分×22日＝1320分）

休日＿＿＿＿分×８（日）×３（カ月）＝＿＿＿＿分
（例：120分×８日＝960分）

なので、３カ月で＿＿＿＿分の時間は確保できます！
（例：2280分＝38時間）

自分で計算してみて書いてみるのがコツ！

自分の自由な時間、積み重ねたら結構ありませんか？
スキマ時間が少しでもあれば、在宅ワークはスタートできます！

Chapter 2

在宅ワークで役立つ6つのスキル

在宅ワークで役立つ6つのスキルとは

Chapter 1では、**スキルとは、「資格」ではなく、あなたの「強み」だとお話ししました。**

ここでは、在宅ワークで有効な6つのスキル（＝強み）をご紹介します。

スキル1　想像力
スキル2　直感力
スキル3　共感力
スキル4　リサーチ力
スキル5　チームワーク力
スキル6　セルフプロデュース力

これら6つのスキルは、すべてを持っていなければいけないということではありません。

どれか1つでも持っていれば、それはあなたの強みになるという意味です。

このあと、6つのスキルそれぞれについて、詳しくお話ししていきます。

自分が持っているスキルを探し、在宅ワークを始める際の足がかりにしてみてください。

スキル1　想像力

想像力とは、**相手の気持ちを汲み取ったり、未来を予測したりする力**のことです。

相手の気持ちを想像することができれば、仕事をするうえでもっとも大切な円滑なコミュニケーションが図れますし、未来を予測できれば、商品作りや危機管理に役立てることができます。

在宅ワークは主にオンラインでやりとりをするため、相手の表情が見えないことも多いです。そのため、一緒に働く人の気持ちを想像することも欠かせないスキルになります。

想像力はいろいろな人と話したり、広い視野を持って知識量を増やしたりすることで身につきます。

想像力がある人の特徴

・人の悩みをていねいに聞いてあげられる人
・知識欲求が強い人
・情報収集が得意な人
・固定観念にとらわれない人

もっと想像力を鍛えるには?

気になることがあればすぐにリサーチすることを習慣化しましょう。その際、固定観念を捨て、あらゆることをさまざまな視点や角度から見る目を持ちましょう。

また、既存の商品を1つ選んで、新しい商品名を考えたり、「誰向けの商品なのか?」「どんなシチュエーションで使うのか?」などを考えたりすることもおすすめです。

向いている仕事

マーケター、コピーライター、アフィリエイター、オンライン秘書、ブロガーなど

スキル2　直感力

直感力とは、**感覚で物事の本質を感じ、見抜く力**のことです。

感覚に敏感になることは、危険を察知したり、重要な選択をしたりするシーンで必要なスキルです。1人で仕事を進める在宅ワークを行ううえで重要です。

また、過去の選択を後悔しないために直感力を発揮することもできます。

たとえば、「この仕事は私に向いていないかもしれない。やらなければよかったかも」などと思うと、自分の過去の選択を後悔し、自信をなくします。

あきらめる理由を探しながら仕事を続けるのは、アクセルとブレーキを同時に踏んでいるようなものです。

だからこそ、直感力がある人は、自分のその力を信じることが大切です。

直感力がある人の特徴

・自分に素直な人
・自分に自信がある人
・瞑想が上手な人
・決断が速い人

もっと直感力を鍛えるには？

直感は、過去の経験や学びから得た情報をもとに働きます。

つまり、論理的に説明ができるのです。

直感で判断したあと、「なぜ、自分はこの選択をしたのだろう」と理由を確認することで、さらに直感力を鍛えられます。

向いている仕事

ファッションデザイナー、イラストレーター、ゲーマー、投資家など

スキル3　共感力

共感力とは、**他人の考えや感情と同じように感じられる力**のことです。

共感力というと、相手に話を合わせることだと思われがちですが、仕事における共感力は、「相手が望む言葉や行動をどれだけ引き出せるか」です。

相手の心のなかにあるモヤモヤを言語化してあげたり、相手が言いたいことをまとめてあげたりすることも、共感力があるからこそ成し得ることです。

先回りして相手の気持ちや思考を察し、「こういうことが言いたかったんでしょ？」と伝えることは、仕事相手との信頼関係形成に非常に役立ちます。

多くのライバルがいるなかで、「この人に仕事をお願いしたい」と思われるためには共感力がとても大事です。

共感力がある人の特徴

・経験豊富な人
・つらい経験をプラスにできる人
・交友関係が広い人
・話の聞き役に回れる人

もっと共感力を鍛えるには?

他人に興味を持つことです。「熟知性の原則」というものがあります。相手の内面を知れば知るほど、好意を持つようになるという心理です。

つまり、相手と信頼関係を築くためには、自分から心を開き、相手に知ってもらう。

これが習慣づけられれば、おのずと共感力は高まります。

向いている仕事

セールス、営業、インストラクター、カウンセラーなど

スキル4　リサーチ力

リサーチ力とは、**物事を調べる力**のことです。

会社員の場合は、わからないことがあったとき、すぐに社内の人に聞くことができますが、在宅ワークだとそうはいきません。主体的に調べることは仕事の一部です。

リサーチというと、ネット検索を思い浮かべるかもしれませんが、ネットの情報をすべて信じるのはNGです。仕事なので、正しい情報が求められます。出所がどこなのか、きちんと確認したうえで情報を精査できる力は欠かせません。

わからないことがあったときは、その道のプロに聞くことがベストですが、現実的にはむずかしいでしょう。そんなとき、自分の経験や知人のリアルなエピソードから情報を得るなど、ネット検索以外のリサーチ方法をすぐに思いつくリサーチ力は、在宅ワークを行ううえでとても貴重です。

リサーチ力がある人の特徴

・好奇心がある人
・新しいものが好きな人
・旅行が好きな人
・流行にアンテナを張っている人

もっとリサーチ力を鍛えるには？

必要な情報を得るためには、まずは、自分の固定観念をなくすことです。固定観念があると、それに沿った情報しか得ることができません。

また、世界は思っているよりもはるかに大きいことを知りましょう。知りたいことの奥にもっと広い世界が広がっているとわかれば、さらに探求することができます。

向いている仕事

ライター、広告プランナー、経営コンサルタント、アフィリエイターなど

スキル5　チームワーク力

チームワーク力とは、**複数人で協力して目標を達成する力**のことをいいます。

１人でできる在宅ワークもありますが、自分に足りないスキルがある場合は、スキルシェアができるサイトでチームメンバーを募ったり、知り合いに紹介してもらったりして、一緒に仕事をすることで補完できます。そのときに重要なのが、チームワーク力です。

チームを組むには、自分が一緒に仕事をしたいと思っている人に、一緒に仕事したいと思ってもらわなくてはなりません。

同じ目標に向かって進めるいい仲間を見つけることができれば、多くの場合、ビジネスは成功するでしょう。そのためには、自分のことだけではなく、みんなで目標を達成できるようにサポートし合えるチームワーク力は必須です。

チームワーク力がある人の特徴

・チームプレイが好きな人
・1人で仕事をしたくない人
・基本的におしゃべりが好き（でも1人も好き）
・言いたいことを5秒我慢できる人

もっとチームワーク力を鍛えるには？

まずは自分が選ぶ立場ではなく、選ばれる立場だと自覚しましょう。そして、自分中心ではなく、相手の立場に立って物ごとを考えるクセをつけましょう。

メールが違った解釈をされないかをチェックする、何かしてもらったときは必ず感謝の言葉を伝えるなど、誠意を持ってコミュニケーションを図るといいでしょう。

向いている仕事

オンライン秘書、ECサイト運用、WEBデザイナー、PR（広報）など

スキル6　セルフプロデュース力

セルフプロデュース力とは、セルフブランディングや自己演出力とも呼ばれ、**自分の長所や強みを知り、それを自分の魅力として周知させる力**のことをいいます。

セルフプロデュース力があれば、おのずと「あなたと仕事がしたい」と言ってくれる人と出会う確率が高まります。

仕事を依頼するとき、「こんな私でよかったらぜひお願いします」と言う人がいますが、本人は謙遜して言っているつもりでも、「信頼できない人」と思われてしまう可能性が高く、このような人はセルフプロデュース力が足りないといえます。

自分を過小評価したり、必要以上に謙遜せず、多少おおげさでもいいから理想の自分を演じることができれば、自然と仕事が舞い込んできます。

セルフプロデュース力がある人の特徴

・自分の強み、長所が明確な人
・チャレンジ精神がある人
・自分の未来を具体的にイメージできる人
・自分の機嫌をとる方法を知っている人

もっとセルフプロデュース力を鍛えるには？

1年後、5年後の自分がどうなっていたいかを考えてみましょう。ゴールが明確だとそこから逆算して、「今、何をしたらいいか」「今、何を始めておいたほうがいいか」がわかります。セルフプロデュース力を常に意識し、なりたい自分になるために今できるベストな行動をとりましょう。

向いている仕事

スポーツトレーナー、目標達成コーチ、経営コンサルタントなど

在宅ワークでもっとも大切なのは行動力

ここまで在宅ワークで発揮できる6つのスキルを紹介しましたが、実は在宅ワークでもっとも大切なベースとなるスキルは、行動力です。

行動力とは、**自ら進んで動く力**のことです。

いくら紹介した6つのスキルがあっても、夢や目標を頭で考えているだけでは決して叶いません。

知りたいことがあればリサーチしたり、興味がある物や人がいれば、会いに行ったりして、能動的に動くことが大切です。

1人で家で働いていると、不安になることも多いでしょう。

「やっぱり私には無理なんじゃないか」

「頑張っても結果が出なかったらどうしよう」

「この方法で合っているのかな……」

そんなふうに思うこともあるかもしれません。

しかし、そこで立ち止まってしまっては、結果を出すことはできません。

不安でもとりあえず行動してみる。

そうすることで、問題が解決していくこともたくさんあります。


6つのスキルのうちの1つ以上、そこにさらに行動力が備わっていれば、どんなジャンルの仕事であれ、成功する可能性が高くなるでしょう。

在宅ワークで視野を広げよう

ひと昔前まで日本は、「一億総中流」といわれていました。しかし、これからの時代は二極化が進み、中流がいなくなり、上流と下流に分かれると言われています。

厄介なのは、そのことに気づく人が多くないということです。

動き始めないと、「(社会は) 今までと何も変わっていない」と錯覚してしまいます。

しかし、ふと気づいたとき、「経済的に取り残されていた……」ということが起こり得る時代に突入しています。

実際に、InstagramやTiwtterで検索するだけでも、主婦が月数百万~数千万円を稼いでいる事実を目にすることができます。

ひと昔前までは考えられなかったことが起きているのです。

表面的には、何も変わっていないように見えても、知らないところで社会は今、大きく変わりつつあります。

あなたが今見ている世界は、ほんの一部だということを覚えておいてください。

二極化の波にのまれないためにも、在宅ワークで視野を広げましょう。


在宅ワークを始めると、母親、妻、会社員、社長、クライアントなど、さまざまな役割を経験することになり、その分、視野がとても広くなります。

一度の人生でいろいろな視点から世界を見ることができるのは、在宅ワークを行ううえで最大の利点となります。


先ほど紹介した6つのスキルは、キャリアや知識がなくても、今から得られるものばかりです。だからこそ、今の世界から一歩だけ踏み出してみましょう。

あなたの勇気ある一歩が、やがてあなたを大きな世界へと導いてくれます。

今の世界から飛び出した人だけが、未来に広がる可能性を手にすることができるのです。

work 2

行動力をアップするための魔法の２文字を使いこなす

在宅ワークでもっとも大切なのは行動力だとお話ししました。このワークでは、下記の空欄を埋めることで、あなたの行動力をアップさせます。

1．在宅ワークをしようと思ったときに、できない理由が浮かんだら、その理由を書いてみましょう。

（例：時間がない、資格を持っていない）

・

・

・

2．今書いた、できない理由のあとに、「でも」という言葉をつなげて、できる方法や解決の糸口を書いてみましょう。

（例）

・私は時間がない。でも、なんとか１日30分なら自分の時間をとれそうだ。
・私は資格を持っていない。でも、まずはリサーチしてみることから始めてみよう。
・子どもが小さいから……。でも、子どもが昼寝している30分と夫が帰って来たあとの１時間なら自分の時間がある。

在宅ワークを始めるときだけでなく、在宅ワークで働いている最中にも、「できない」と思うことがあったら、「でも」と続けてみましょう。

最初は思考のクセがあるため、むずかしいかもしれません。しかし、練習していくと徐々に「できない」と思うこと自体が減っていきますので、ぜひやってみてくださいね。

Chapter 3

おすすめの在宅ワーク16選

主役・脇役・エキストラ、自分に合った役で働こう

ここまで読んで、「私にもできるかもしれない！」「在宅ワークに挑戦したい！」と思った人も多いのではないでしょうか？

今、在宅ワークの種類は驚くほどたくさんあります。働き方や職種の選択肢が多すぎて、どんな仕事を選んで、どのように働いたらいいか迷ってしまうかもしれません。

そんな方のために、どんな働き方や職種が向いているかがわかる心理テストをご紹介しましょう。

質問

あなたはドラマの出演者です。主役、脇役、エキストラのなかで、どれをやりたいですか？

A　もちろん「主役」で！
B　いきなり主役は荷が重いから、まずは「脇役」でしっかり仕事します。
C　まずは雰囲気を味わいたいから、「エキストラ」からしたいな。

Aを選んだ人は、**お客様から「選ばれる」という働き方が向いています**。

あなた自身が表に出て、ＳＮＳで積極的に発信をしたり、スキルを提供したりして、お客様に有益な価値を提供していく仕事がおすすめです。

働き方は、フリーランス（個人事業主）や起業がいいでしょう。

職種はコンサルタント、YouTuber、タレント、ブロガー、作家、オンラインサロン主宰などが向いています。

Bを選んだ人は、**お客様を「サポートする」という働き方が向いています**。

「あなたがいてくれて助かるよ」「あなたがいないと仕事にならない」「頼りにしてい

るよ」などの言葉をかけられることがうれしく、それだけでやる気が出るタイプなので、主役を引き立てる縁の下の力持ちのような存在で誰かを手助けする仕事がいいでしょう。

働き方は、業務委託やフリーランスがおすすめです。

職種はWEBデザイナー、カメラマン、動画クリエイター、経営コンサルタント、事務サポートや営業代行などが向いています。

Cを選んだ人は、**お客様に「寄り添う」という働き方が向いています**。

ルールや常識を十分に理解したうえで、徐々に上を目指すタイプなので、慎重に物事を進める働き方がいいでしょう。

着実にステップアップしますが、飛び込む勇気や行動力に欠ける分、なかなか進展しないこともあるのでまずは、副業から始めて様子を見るのがいいでしょう。

職種はポイ活、モニター、アフィリエイターなどが向いています。

さて、あなたはどのタイプだったでしょうか。

Aの主役を選んだからといって、必ずしも今すぐ主役の仕事からスタートする必要はありません。まずはエキストラのような仕事から始めて、将来的に起業を目指すのもいいでしょう。

配役は、経験を積むことで変化します。

エキストラからスタートし、半年後に主役になった人や、主役よりも脇役が向いていると気づき、主役から脇役に回った人もいます。

この心理テストは、あくまで職種や働き方を選ぶ際のヒントです。しかし、何が自分に向いているかまったくわからないという人には、きっと助けになるでしょう。

在宅ワークの職種一覧

輪の中心から、主役→脇役→エキストラに向いている職種が広がっています。
このなかから、16個の職種（☆印のもの）について詳しくご紹介します！

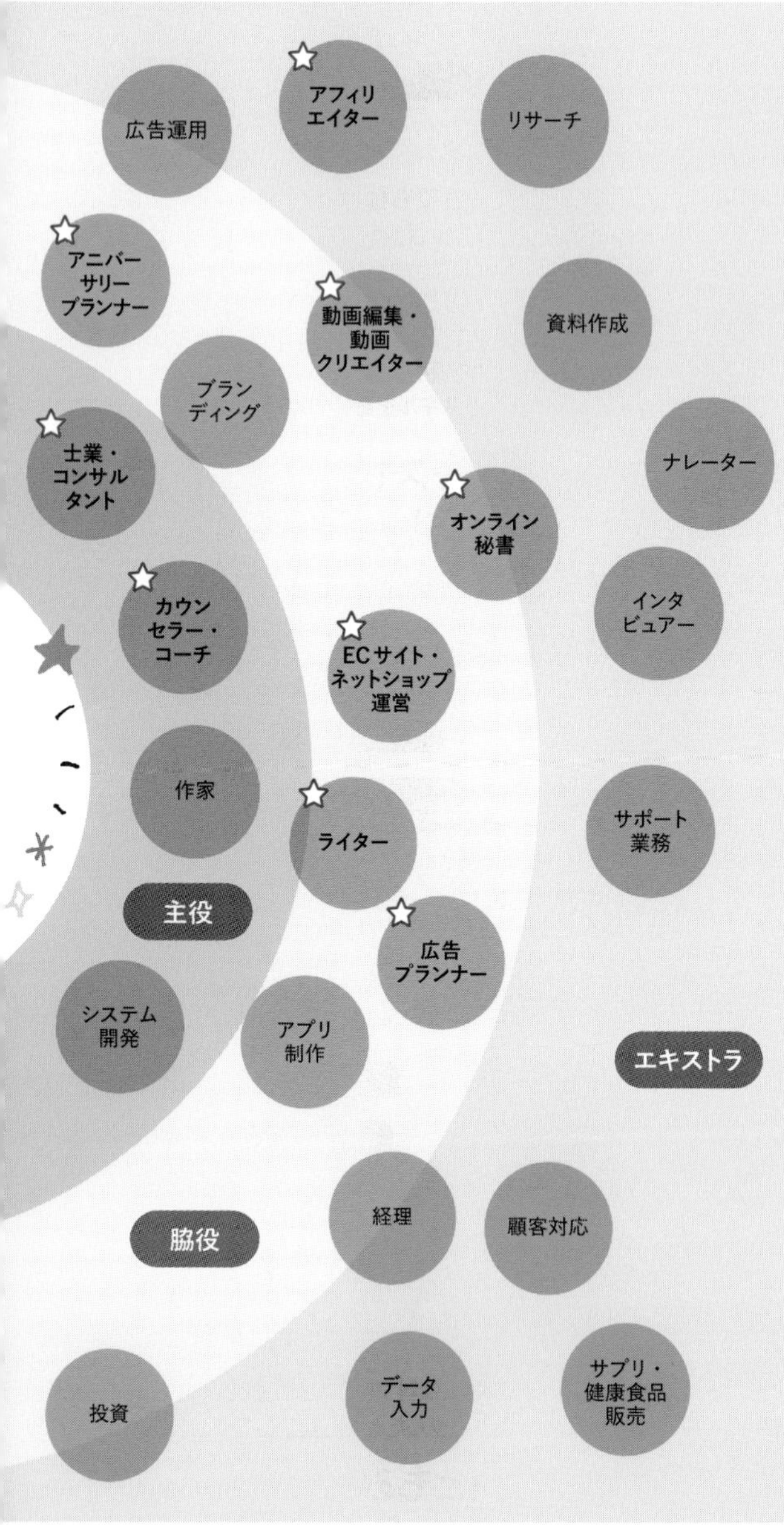

『無理せず毎月5万円！ 超初心者でも稼げる在宅ワークの始め方』
読者プレゼント

ご購読ありがとうございます。
本書を読んで、「これからお家で働きたい！」と思った方に向けて
3つのコースを用意しました。
最短で在宅で収入を得られるスキルを身につけてみませんか？

あなたのペースで学べる
ゆる〜く楽しく働く
在宅ワーク3つの無料コース

STEP 1
家事や育児、介護をしながらでも働ける！
今求められているITスキルを手に入れよう

STEP 2
ライティングやマーケティングのスキルを身につけて
選ばれる人気フリーランスになろう

STEP 3
自分史上最高！ 経済的に自立した女性を目指す
ビジネススキルで大チャンスをつかもう

無料登録はこちら

https://bit.ly/3ynnEev

こちらからご登録いただくと、無料プログラムが届きます。
このプレゼントを受け取って、本書で学んだことを実践していきましょう！

野川ともみ

- PR・広報
- セールス代行
- ☆モニター・アンケート
- ブロガー
- ファッションスタイリスト
- プロモーター
- 料理の先生
- 旅行コーディネーター
- スピリチュアリスト
- アーティスト
- インフルエンサー
- おうちサロン
- スポーツトレーナー
- YouTuber
- 婚活サポート
- セラピスト
- ☆占い師
- 筆文字アーティスト
- エステティシャン
- ヒーラー
- ☆ポイ活
- イラストレーター
- ☆カメラマン
- ☆ハンドメイド作家
- ☆プログラマー
- 物販
- 裁縫
- ☆WEBデザイナー
- バイヤー
- 転売

在宅ワークにおすすめの職種を紹介

ここからは、これまでたくさんの女性たちに在宅で稼げる方法をお伝えしてきた経験から、在宅ワークにおすすめの職種をご紹介していきます。

それぞれの職種の大まかな仕事内容のほか、**「スキルを身につけるには」「仕事や収入を得るには」「働き方」の具体例**についてお話ししていきます。

「スキルを身につけるには」では、その仕事をするうえで必要なスキルの勉強方法をご紹介します。

在宅ワークを始めるときに特別なスキルは必要ないとお話ししましたが、どんな仕事も勉強は必要です。

「仕事や収入を得るには」では、どのようにして始めたらいいのかわからないという方のために、初心者にもおすすめの仕事や収入を得る方法をご紹介します。

「働き方」では、その職種の「主役」「脇役」「エキストラ」としての働き方について、それぞれお話しします。

どれくらいの収入を得られるのかも提示しています。こちらはあくまでサロンメンバーの実例のなかから紹介しているものであり、仕事の内容や働き方によって変わるので、参考程度にご確認ください。

また、「お金」「やりがい」「時間と場所の自由」の度合いを、星5つで表しています。こちらもサロンメンバーの話をもとに、私がつけたものです。あくまで目安としてご覧ください。


興味のある職種から読んでもいいですし、収入の目安から選んで読んでもいいでしょう。脇役での働き方に興味があるなら、全職種の脇役の働き方から目を通してもいいかもしれません。

在宅ワークへの一歩を踏み出すのに、役立ててください。

WEBデザイナー

クライアントから仕事を依頼され、WEBサイトのデザインをする仕事です。「企画」→「コンセプト作り」→「記事作成・校正」→「デザイン」→「コーディング（制作したデザインをパソコン上で見える形にすること）」→「サーバー設置」→「納品」という流れで仕事を進めていきますが、「デザインのみ」「コーディングのみ」など一部だけを請け負う場合もあります。

◆スキルを身につけるには

WEBデザイナーに資格は必要ありませんが、デザインができるソフト、「Adobe Photoshop（アドビ フォトショップ）」、「Adobe Illustrator（アドビ イラストレーター）」などは使いこなせたほうがいいでしょう。

WEBデザイナーは自分の作りたいものを作るアーティストではなく、クライアントの意図を形にする仕事なので、ユーザー目線を持ち、わかりやすく伝わりやすいコンテンツを作る力も必要です。

また、クライアントとのコミュニケーション能力も必須です。

◆仕事や収入を得るには

・知り合いにホームページを作りたい人や修正したい人がいないか聞いてみる
・クラウド系の仕事紹介サイトで仕事を探す
・WEBデザインスクールに通い、スキルを身につけつつ仕事を紹介してもらう
・自分でホームページを作り、「こんなものが作れます！」という内容をSNSで発信する

◆働き方

エキストラ　バナー作成　時給1700円／ホームページ更新作業　月3万円

簡単なWEBサイトの文字修正や、画像差し替えなどを行います。最近は、SNS投稿や、YouTubeのサムネイル作成などのバナーデザインの需要も多いです。

脇役　WEBページ1～3ページ作成　1週間10万円

クライアントの意図に沿いデザインを作成します。1～3ページを1週間ほどで作成することが多いです。修正作業など細々とサポートすることで、クライアントと信頼関係を築くことができ、より長いお付き合いが可能になります。

主役　チームで仕事を受ける　月70万円／WEBデザイナースクール運営　年収1000万円

同じ仲間でチームを作り受注件数を増やします。デザインだけではなく、マーケティング部分、ライティング部分なども請け負うことができると重宝されます。

また、WEBデザインスキルを教えるオンラインスクールを開催し、スクール事業を行うこともできます。

おすすめの在宅ワーク16選

WEBデザイナー

クライアントから仕事を依頼され、WEBサイトのデザインをする仕事。

お金	★★★☆☆
やりがい	★★★☆☆
時間と場所の自由	★★★★☆

スキルを身につけるには

- 「Adobe Photoshop」「Adobe Illustrator」などのデザインソフトの使い方を学ぶ
- 常にユーザー目線を心がける
- コミュニケーション能力を高める

仕事や収入を得るには

- 知り合いにホームページを作りたい人や修正したい人がいないか聞いてみる
- クラウド系の仕事紹介サイトで仕事を探す
- WEBデザインスクールに通い、スキルを身につけつつ仕事を紹介してもらう
- 自分でホームページを作り、SNSで発信する

ライター

ライターは書籍、雑誌、WEB、ブログ、ダイレクトメール、コピー、シナリオなど、さまざまな媒体で文章を書く仕事です。メディアの性質に合わせたライティングスキルが必要とされます。企業や出版社と企画の時点から携わることもあれば、テーマのみ提示されて執筆することもあり、クライアントとの関わり方もさまざまです。

◆スキルを身につけるには

資格は必要ありませんが文章力が求められるため、文章の講座やセミナーに通うのがおすすめです。文章を上達させるためにブログやメルマガを始めるのもよいでしょう。

WEBの記事作成は、SEO対策（検索結果の上位にくるようにすること）の知識を得られながら報酬をいただけますし、プロモーションライターになると1案件で数千万円の報酬になることもあります。

◆仕事や収入を得るには

・クラウド系の仕事紹介サイトでWEB記事のライティングの募集に応募する
・WEBマーケティングの会社の外注として、メルマガやDM、チラシのライティングを行う
・口コミレビューを書いて投稿し報酬を得る
・自分でライティングした記事でメディアを作り、SEO検索で上位にくるようにしたら、そのノウハウを販売したり、メディアを企業に売る

◆働き方

エキストラ　WEBページライティング　1文字1~3円

WEBライターは、指示された内容を調べながら書くのがメインなので、自宅でも手軽に始められます。SEOを意識したページ構成ができれば、1文字あたりの単価

が上がる傾向にあります。

脇役　チラシ作成　1枚1万円

企業のチラシやパンフレットなどのライティングは、記事に書くネタを探したり、取材をしたりして、指示された文字数で原稿を仕上げます。写真撮影とセットでライティング業務を請け負うなど、付加価値をつけると報酬単価も上がります。

主役　プロモーション　1案件（3カ月）300万円

ライティングだけでなく、商品やサービスのマーケティングと販売促進を担う仕事です。問い合わせ、来店、資料請求などお客様の反応を増やすためのライティングのすべてを統括するので、ビジネス全体の集客導線を考えるなど、さまざまな知識が必要とされます。

キャンペーンやプロモーションのライティングを行う場合、利益の15~30パーセントほどの報酬をいただけます。有名になると1案件で1000万円ほど稼げたりします。

おすすめの在宅ワーク16選

ライター

書籍、雑誌、WEB、ブログ、ダイレクトメール、コピー、シナリオなど、さまざまな媒体で文章を書く仕事。

お金	★★★☆☆
やりがい	★★★☆☆
時間と場所の自由	★★★★★

スキルを身につけるには

・文章の講座やセミナーに通う
・ブログやメルマガを始める

仕事や収入を得るには

・クラウド系の仕事紹介サイトで、WEB記事のライティングの募集に応募する
・WEBマーケティングの会社の外注として、メルマガやDM、チラシのライティングを行う
・口コミレビューを書いて投稿し報酬を得る
・ライティングした記事でメディアを作り、そのノウハウを販売する

動画編集・動画クリエイター

YouTubeやTikTok、Instagramなどの影響で、近年は動画編集の需要が高まっています。手にとって試すことができない商品も、動画で見せることでその商品のよさを余すところなく紹介することができます。

ネットショッピングの利用が増え続けているため、動画編集の需要は今後ますます高まるでしょう。

◆スキルを身につけるには

今はスマホのアプリで簡単に動画編集ができるので、動画を撮影しアプリで編集して、ＢＧＭやテロップを入れてＳＮＳに投稿して反応を見ましょう。

さらに一歩進むなら、「Adobe Premiere Pro（アドビ　プレミアプロ）」「After

Effects（アフターエフェクト）」などの動画編集ソフトの使い方を、YouTubeや講座・セミナーなどで学ぶとよいでしょう。学ぶ過程をYouTubeで配信すると、スキルを覚えながらファンを増やすこともできるので一石二鳥です。

◆仕事や収入を得るには

・クラウド系の仕事紹介サイトで、動画編集の募集に応募する
・自分で撮影して編集した動画を、YouTubeにアップして集客する
・Vlog（ブログの動画バージョン）を発信して集客する

◆働き方

エキストラ　動画の編集　1分300円

撮影された動画を預かりカット、編集、テロップ、BGMを入れるなどの加工を行います。YouTube動画のサムネイル程度のバナーデザインが作れるとさらによいでしょう。編集作業は慣れると効率よくできるようになります。動画広告を作成すればアフ

イリエイトで稼ぐことも可能です。

脇役　30分ほどの動画撮影・編集　半日15万円

撮影と編集を行う場合、半日の撮影と編集作業で、15万円ほどの報酬を得られます。しかし、カメラは2台以上必要ですし、画質のクオリティを求めたり、音のノイズの処理も必要となるため、それ相応の機材が必要になります。

主役　ブランディングプロデュース　1案件（3カ月）400万円

マーケティング知識を身につけると、ブランディングを意識した見せ方ができるようになり、プロデュースまで請け負うことができます。

どんなシナリオで話してもらうか、どんなロケ地で撮影するか、こだわりのある動画を作ることで商品価値を高めることができれば、ほかの動画クリエイターとは一線を画した存在として重宝されます。

おすすめの在宅ワーク16選

動画編集・動画クリエイター

YouTube動画や商品紹介動画などを編集したり、動画素材を作ったりする仕事。

お金	★★☆☆☆
やりがい	★★★☆☆
時間と場所の自由	★★★☆☆

スキルを身につけるには

・動画をスマホアプリで編集して、BGMやテロップを入れてSNSに何度も投稿する
・「Adobe Premiere Pro」「After Effects」などの動画編集ソフトの使い方を、YouTubeや講座、セミナーなどで学ぶ

仕事や収入を得るには

・クラウド系の仕事紹介サイトで動画編集の募集に応募する
・自分で撮影して編集した動画を、YouTubeにアップして集客する
・Vlog（ブログの動画バージョン）を発信して集客する

ハンドメイド作家

アクセサリー、バッグ、家具、食器、ぬいぐるみなどを作ってオンライン上で販売して収益を得ます。

さまざまな販売サイトがあるので、スマホさえあれば、誰でもいつでも簡単にオンラインショップオーナーになれます。

ただ、材料費がかかるので、販売するときは利益がきちんと出るよう計算しましょう。

◆スキルを身につけるには

本やYouTube動画などで製作方法を学べるので、見ながら実際に作っていきましょう。材料屋さんなどでワークショップをしていることもあるので、調べて参加してみるのもおすすめです。

◆仕事や収入を得るには

・「BASE（ベイス）」「Creema（クリーマ）」「minne（ミンネ）」などのハンドメイド向けの販売アプリで販売する

・SNSで情報発信

→Instagramに写真を載せたり、制作秘話を掲載したりすることで、自分の作品をブランディングする。認知度が上がると、有名店とのコラボが実現したり、雑誌やテレビなどから取材されることもある。

◆働き方

エキストラ 友達や知り合いから仕事を受ける　1商品1000円

友達や知り合いから仕事を受けます。マスクやティッシュケース、子どもの入園グッズやお遊戯会の衣装作りなど、相手の希望に合わせて制作、販売します。

脇役　アプリで商品販売　月1万円

制作したものをアプリで販売します。自分の住所を伝えなくてもお客様と売買ができるので、個人情報流出の心配もありません。決済システムがついているアプリを選べば、簡単に取引が完了できます。ほとんどのアプリで送料がかかるので、しっかり利益が出るように値付けしましょう。

主役　ハンドメイドの技術を教えるオンライン教材を販売　月100万円

ハンドメイドのノウハウを教えるオンライン動画を販売します。

ほかにも、オンラインビデオ会議システムなどを利用し、マンツーマンで教えることも可能です。

おすすめの在宅ワーク16選

ハンドメイド作家

ハンドメイドのアクセサリー、バッグ、家具、食器、ぬいぐるみなどの作品をオンライン上で販売して収益を得る仕事。

お金	★★☆☆☆
やりがい	★★★★☆
時間と場所の自由	★★★☆☆

スキルを身につけるには

・本やYouTube動画で製作方法を学び、実際に作ってみる
・材料屋さんなどで行われるワークショップに参加する

仕事や収入を得るには

・「BASE」「Creema」「minne」などのハンドメイド向けの販売アプリで販売する
・Instagramに写真を載せたり、制作秘話を掲載するなど、SNSで情報を発信する

アフィリエイター

ブログやWEBサイト内で商品を宣伝し、それを見た人が実際に商品ページをクリックしたり商品を購入したりした場合、報酬を得られる成功報酬型の仕事です。成功報酬とは、仕事が成功したときに報酬が支払われる仕組みのことです。

一般的には、自作サイト、ブログ、Instagram、Twitterなどで集客をして販売を行うため、ひと通りのマーケティングスキルが必要になりますが、うまくサイトやブログを作り込めれば、何もしなくても一定の報酬が入ってくるようになります。

◆スキルを身につけるには

どうしたらWEBサイトにアクセスが集まるのか、サイトデザイン、SEO対策などのスキルを学ぶとよいでしょう。SNS広告をクリックすると、参考になるページがいくつも出てきます。まずは量を見ることから始めて、書き方は、YouTubeなどで情報発信している人が多くいるので、そこで情報を集めましょう。ノウハウを教えているコミュニティに所属すると、利益率のいい案件を紹介してくれます。

◆仕事や収入を得るには

①まずはアフィリエイトセンターに無料登録する

↓有名なのは、「A8.net」「afb-アフィb」というアフィリエイトセンターです。

アフィリエイトセンターとは、商品を紹介してもらいたい広告主と、アフィリエイターをつなげるサイトのことです。検索して無料登録し、自分が興味のある商品や、自分のブログにマッチする案件を選びます。

②自作サイトやブログ・SNSで商品を紹介し、アフィリエイトセンターで得た商品URLを貼り付ける

◆働き方

エキストラ　アフィリエイト広告をブログに貼る　1成約3000円

アフィリエイトセンターには化粧品から不動産までさまざまな商品があるので、そのなかから紹介したい商品を選び、自分のブログで紹介し、アフィリエイト広告（商品URL）を貼ります。1つ商品が売れると1成約で、報酬が振り込まれます。

脇役　ブログにアクセスを増やす　月10万円

SEO対策をしたり広告を使ったりして自作サイトやブログへのアクセスを増やします。月数千万円の利益を出している人もいますが、まずは月5万円を目指しましょう。

主役　自分でアフィリエイトセンターを作る　年商3000万円

自社商品がある場合、アフィリエイトセンターを作って、商品を販売してくれるアフィリエイターを募集します。アフィリエイターを通して商品が売れると、アフィリエイトセンターにも報酬が入ります。さらに、インフルエンサーに紹介を依頼したり、芸能人を起用して広告を出したりすることで、商品の認知度を高めていきます。

おすすめの在宅ワーク16選

アフィリエイター

ブログやWEBサイト内で商品を宣伝し、それを見た人が実際に商品ページをクリックしたり商品を購入したりした場合、報酬を得られる成功報酬型の仕事。

お金	★★☆☆☆
やりがい	★★★☆☆
時間と場所の自由	★★★★☆

スキルを身につけるには

・SNS広告から学ぶ
・YouTubeなどで情報を集める
・アフィリエイトのノウハウを教えているコミュニティに所属する

仕事や収入を得るには

①「A8.net」「afb-アフィb」などのアフィリエイター募集をしているサイトに無料登録する
②自作サイトやブログ・SNSで商品を紹介し、アフィリエイトセンターで得た商品URLを貼り付ける

ポイ活（ポイント活動）

ポイントを積極的に貯めたり活用したりすることを「ポイ活」といいます。今やポイ活で生計を立てる人もいるほどです。ポイントをお金に還元するという意味で、これも「在宅ワーク」に属するといっていいでしょう。

たとえば、スタンプを10個貯めてジュース1杯のサービスを受けると、ジュース代金を報酬として受け取ったことになります。ポイ活はもっとも簡単で手軽に報酬を得ることができる在宅ワークです。

◆スキルを身につけるには

ポイントに関する情報や貯め方のコツが書かれた本がたくさんあるので、うまく利用してポイントの達人になりましょう。ネットで検索しても、たくさんの情報が出てきます。

◆仕事や収入を得るには

・ポイ活ができるサイトに無料登録する

↓有名なのは「モッピー」「げん玉」「ECナビ」「ハピタス」など。

・ポイント還元率の高いクレジットカードを決済に使って日常生活の中でポイントを貯める

◆働き方

エキストラ　クレジットカードを契約する　1件5000円

クレジットカードを作るとき、ポイントサイト経由で契約するとキャッシュバックされます。さらに、そのクレジットカードで買い物をすればそのたびに、商品購入額の1～5％のポイントがもらえます。

脇役　幹事を引き受ける　1回2000円

飲み会などの幹事を積極的に引き受けましょう。大きな金額を自分のクレジットカードで払うとその分、ポイントが還元されます。

たとえば8人で1人5000円の支払いの場合、還元率が5％のカードなら、5000円×8人＝4万円支払いをするだけで2000円分のポイントが貯まります。

ただ、周りが嫌がることもあるので、空気を読むようにしましょう。

主役　貯めたマイルで旅行をしながら旅ブロガー　月100万円

マイルを貯めるノウハウを教える講座やポイ活のセミナーを開催したり、ポイント還元率の高いクレジットカードをブログでアフィリエイトつきで紹介したりすることで報酬を得ます。

パソコンとカメラとWi-Fiがあればどこでも仕事ができるので、世界を旅しながら情報発信をしている人もいます。また、ポイントを使って無料で、飛行機のファーストクラスやホテルのスイートルームを利用する人もいます。

おすすめの在宅ワーク16選

ポイ活（ポイント活用）

日々の生活でポイントを貯めてお金に還元する仕事。

お金	★★☆☆☆
やりがい	★★☆☆☆
時間と場所の自由	★★★★★

スキルを身につけるには

・ポイントに関する情報や貯め方のコツについて書かれた本を読む
・ネットで検索して知識を得る

仕事や収入を得るには

・「モッピー」「げん玉」「ECナビ」「ハピタス」などポイ活ができるサイトに無料登録する
・ポイント還元率の高いクレジットカードを決済に使ってポイントを貯める

モニター・アンケート

商品やサービスを実際に利用して率直な感想を企業に伝える仕事です。覆面調査をしてお店のサービスをレポートにまとめるものや、座談会や試食会に参加して、感想を伝えるといった仕事があります（人気があるものは抽選となります）。企業側はよりよい商品作りに役立てるために、ユーザーのリアルな声を知りたいと思っているので、率直な意見や改善点を伝えることが求められます。

◆スキルを身につけるには

モニターやアンケートは、素人の意見を集めるためのものなので、特にスキルは不要ですが、自分の気持ちを明確に言語化するために、「すごい」「可愛い」という抽象的な感想ではなく、何がすごいのか、何が可愛いのか、伝えるための語彙力を身につけたり、話すトレーニングをしておくと、発する言葉に説得力が増してきます。

◆仕事や収入を得るには

・「楽天インサイト」「リサーチパネル」「infoQ byGMO」などの、モニター・アンケートのサイトに登録する
・TwitterやInstagramの公式アカウントで企業が募集しているモニターに応募する

◆働き方

エキストラ　商品を無料で試す　商品現物

自宅に商品が送られてきて使用感をレポートしたり、定められた期限内に感想を書いてフィードバックしたりします。

ほかにも、美容院のカットモデルは、美容師に髪を無料でカットしてもらい、感想を伝えることで、その美容師は技術を磨くためのフィードバックをもらいます。お金をもらうことだけが報酬ではなく、本来必要なお金がかからないというのも報酬とい

えます。

脇役　在宅コールセンター業務　1件1000円

感想を伝える側ではなく、企業側の仕事です。業務内容はお客様対応、サービスの問い合わせ、売り込みがメインですが、オンライン上でアンケートをとったり、口コミを分析したり、顧客対応を在宅で行います。企業のクレーム処理やお客様窓口は商品改善のヒントが集まる場所です。コールセンターでお客様の意見を解決できれば、企業のイメージアップに貢献できます。

主役　インフルエンサーとして活動する　月100万円

インスタグラムやTwitter、Youtubeなどでフォロワーが多いと、インフルエンサーと見なされて、企業から商品を紹介してほしいと依頼されるようになります。その商品を、SNSで紹介するとアフィリエイト報酬が得られます。ただし、報酬を得ていることを隠して宣伝する「ステマ（ステルスマーケティング）」には注意しましょう。

おすすめの在宅ワーク16選

モニター・アンケート

商品やサービスを実際に利用して率直な感想を企業に伝える仕事。

お金	★★☆☆☆
やりがい	★★☆☆☆
時間と場所の自由	★★★☆☆

スキルを身につけるには

・自分の気持ちを言語化するために、伝えるための語彙力を身につけたり、話すトレーニングをする

仕事や収入を得るには

・「楽天インサイト」「リサーチパネル」「infoQ by GMO」などのサイトに登録する
・TwitterやInstagramの公式アカウントで企業が募集しているモニターに応募する

ECサイト・ネットショップ運営

ネットショップは家賃が不要ですし、売れたときのみに手数料を決済会社やアプリ管理者に払うことが多いので、資金が少なくても始められます。

自作サイトでなくても、ショッピングモールのようにさまざまな店が集まるサイト（楽天市場、Yahoo!ショッピング、Amazon、EUYMAなど）に出店（有料）すれば、すでにそこには商品を探しているお客様が大勢いるので、安定した収入を得られます。

◆スキルを身につけるには

出品したい商品が決まっている場合は似ている商品を調べてみましょう。どんな見せ方をしているか、どんな写真を掲載しているかを常にチェックして勉強しましょう。

また、自身がネットショッピングをする際に不安になったこと（例：お金を先に払って、本当に商品は届くのか不安だった、など）を書き留めておきましょう。自分が経営する立場になったとき、必ず参考になります。

◆仕事や収入を得るには

・人気のサイトに出店したり、自分のＳＮＳでショップのサイトを紹介したりして、実際に販売する

・動画や写真で商品のよさを伝えたり、商品の誕生秘話や開発者のストーリーなどで自身の人柄を感じさせるサイトを作る

◆働き方

エキストラ　ＥＣサイト運営のお手伝い　時給１２００円

ネットショップに掲載する写真や文章の更新を請け負う仕事です。写真加工やサムネイル作成、ライティングのスキルも磨きつつ、商品をどう見せて、どうライティングすれば売れやすいか、考えながら作っていきます。

脇役　商品を自分で販売する　月1万円

商品を「メルカリ」や「ラクマ」などのフリマアプリで販売します。家にある不用品を販売するのもよい手です。

海から拾ってきた流木やどんぐりを集めて販売したり、古い雑誌から芸能人の切り抜きだけをまとめて、セット販売したりしている人もいます。アイデア次第で十分ビジネスが成立します。

主役　自作サイトを作って運営する　年商1億円

自作サイトを作って商品を売ります。海外から取り寄せて転売しても、自身が開発したものを売ってもいいでしょう。ライバルが多い市場ですが、多く売り上げることができれば、年商億超えも十分可能です。「この商品ならあなたの会社だよね」と、多くの人に認知されることを目指しましょう。

おすすめの在宅ワーク16選

ECサイト・ネットショップ運営

自作サイトや人気のサイトに出店して、商品を売る仕事。

お金	★★☆☆☆
やりがい	★★★☆☆
時間と場所の自由	★★☆☆☆

スキルを身につけるには

- 出品したい商品と似ている商品を調べて、見せ方や写真をチェックして勉強する
- 自身がネットショッピングをする際に不安になったことを書き留めておく

仕事や収入を得るには

- 人気のサイトに出店したり、自分のSNSでショップのサイトを紹介したりして実際に販売する
- 動画や写真で商品のよさや商品の誕生秘話、開発者のストーリーなどを伝えるサイトを作る

占い師

ビジネスのアドバイスを経営コンサルタントに求めるのと同じように、心のアドバイスを占い師に求める経営者が多いことから、占い師は時代に影響されることなく、つねに需要があります。オンラインや電話、アプリで占いをすることもできるため、自宅で占い師として働く人も増えています。話を聞いてもらいたいという欲望はいつの時代も多くの人が抱くものです。相手のよき相談相手になることでリピーターにつながり、安定した収入が得られます。

◆スキルを身につけるには

本で独学する以外に、占い師養成講座で学ぶのもいいでしょう。

尊敬する占い師の弟子になり、雑務を手伝いながら技術を磨いていくという方法もあります。

また、カウンセリングのような側面もあるため、人の気持ちを察して寄り添うスキルも身につけるとよいでしょう。

◆仕事や収入を得るには

・SNSで毎日占いを発信し、フォロワーから仕事を受ける
・「ココナラ」などスキルを売買するWEBサイトに登録し、占いをスキルとして販売する
・占い会社に登録する

◆働き方

エキストラ　友達を占う　お茶代

占術を学んだら、友達を診断してみましょう。SNSなどで無料モニターを募集し、実績を積むのもよいでしょう。

脇役　**個人鑑定をする　1人3000円**

在宅でできる電話占いやオンライン占いができるWEBサイトに登録し、個人鑑定を行います。

尊敬する占い師に弟子入りし、雑務を手伝いながら実績を積み、稼ぐという方法もあります。

主役　**占術を伝える講座を展開する　年商3000万円**

オリジナルの占術を開発し、それを広めて弟子を増やしたり、占術を伝える講座を行います。有名になると、著名人のお抱え占い師になったりする人もいます。

占いカフェや占いバーを経営して、お客様の悩みを解決しながら、店舗経営をするのも良策です。

おすすめの在宅ワーク16選

占い師

個人を電話やオンライン、アプリで占う仕事。

お金	★★☆☆☆
やりがい	★★★★☆
時間と場所の自由	★★★☆☆

スキルを身につけるには

・本で独学する
・占い師養成講座で学ぶ
・尊敬する占い師の弟子になる

仕事や収入を得るには

・SNSで毎日占いを発信し、フォロワーから仕事を受ける
・「ココナラ」などスキルを売り買いするサイトに登録し、占いをスキルとして販売する
・占い会社に登録する

オンライン秘書

「Excel（エクセル）」「PowerPoint（パワーポイント）」、メール対応のスキルがあれば、自宅でできます。小さい会社であれば、さまざまな仕事に挑戦させてもらえるので、WEBサイト運用の経験やITスキルがある方は重宝されるでしょう。

顧客対応、メール返信から始まり、徐々にスキルを覚えることで、WEBデザイン、インターネット広告運用、マーケティングの知識を身につけることも不可能ではありません。

◆スキルを身につけるには

まずは基本的なITスキルを身につけましょう。また、在宅ワークはわからないことがあった際にすぐに聞ける人がいないので、不明なことがあれば、自分で調べるリサーチ力もつけておくとよいでしょう。
秘書検定を勉強するのもおすすめです。

◆仕事や収入を得るには

・オンライン秘書、在宅秘書などで検索して求人を調べて応募する
・市区町村の採用情報やハローワークの求人情報で、リモートワーク可能なスタッフ募集を探して応募する

◆働き方

エキストラ　個人や企業と契約して数時間働く　時給1100円

「子どもが幼稚園に行っている3時間だけ」「夜の2時間だけ」という自由な働き方が可能です。スキマ時間を使い、自宅で秘書のスキルを学びながら働くことができます。

脇役　1社、もしくは1人の個人事業主と契約して働く　月15万円

1社、もしくは1人の個人事業主のオンライン秘書として働きます。小さな会社の場合は、オンライン秘書といえども、さまざまな業務を兼任することが多いです。

顧客対応、情報発信、WEBサイト修正、ブログ更新、資料作成、経理、請求書作成、名刺作成、会場予約、懇親会予約、接待予約、お土産手配など、1つひとつはむずかしくないので、新しいことに挑戦させてくれる環境だと受け止め、積極的にやってみましょう。うまくこなすことができれば、会社からの信頼を得られ、安定した報酬をいただけるようになります。

主役　複数の会社の秘書業務を請け負う　月30万円

敏腕オンライン秘書になると、複数の会社を掛け持ちしている方もいます。

また、秘書向けのお土産紹介サイトを立ち上げたり、スキルを伸ばして、成果報酬型に切り替えて働いたりすることもできます。

マーケティングや、顧客対応部分、書類作成など、秘書業務の一部に特化した会社を設立するのもおすすめです。

おすすめの在宅ワーク16選

オンライン秘書

自宅で、メール対応や資料作成などの秘書業務を行う仕事。

お金	★★☆☆☆
やりがい	★★★☆☆
時間と場所の自由	★★☆☆☆

スキルを身につけるには

・基本的なITスキルを身につける
・自分で調べるリサーチ力をつける
・秘書検定を勉強する

仕事や収入を得るには

・オンライン秘書、在宅秘書などで検索して求人を調べて応募する
・市区町村の採用情報やハローワークの求人情報で、リモートワーク可能なスタッフ募集を探して応募する

士業・コンサルタント

在宅で独立・起業しやすい資格には、弁護十、弁理士、税理士、社会保険労務士、行政書士、司法書士、中小企業診断士、公認会計士などがあります。事務所を構える人が多いですが、オンラインで相談を受け付け自宅で業務する人も増えています。

士業の資格とともに経営や財務、人事などの相談に乗れるコンサルタントのスキルがある人が重宝されます。

資格をとるために費用がかかるので初期投資は高めです。

◆スキルを身につけるには

士業に関しては、それぞれ資格が必要です。資格を取得し、現場で働いて経験を積んだうえで、在宅ワークに移行する人が多いです。

危機的な状況を対応することも少なくないので、フットワークの軽さがセールスポイントになります。士業もサービス業なので、豊富な知識とコミュニケーション能力の両方を身につけておきましょう。

◆仕事や収入を得るには

・自分で独立開業する場合は、サイト作成やSNS発信などをして集客する
・経営者、同業者、金融機関、商工会議所などに紹介してもらう
・紹介サイトなどに登録して集客する

◆働き方

エキストラ　セミナー講師　2時間3万円

困っている人に向けてオンラインセミナーを行います。

フリーランスのための確定申告セミナー、ママ向けの資産運用セミナーなど、誰かの問題を解決する方策を教えるセミナーは大人気です。

脇役　事務所に所属して働く　月40万円

事務所の一員として、資格を活かして在宅で働くことができます。

ブランクがあっても資格が失効していなければ、すぐに働き始めることができます。

しかし、書類の自宅への持ち出しがNGの業種も多いので、あらかじめ調べておく必要があります。

主役　事務所設立、コンサルタント業務をする　年商3000万円

「相続に強い女性行政書士」や「経営コンサルティングもできる税理士」など、差別化した立ち位置を確保し、自分をブランディングすることで、あなたに頼みたいというお客様を集めることができます。そうすれば、長いお付き合いができるクライアントを複数受け持つことが可能です。

起業経営全般についての幅広い経験と知識を持ちつつ、強みになる資格を取得することで、会社全体の売上をアドバイスできる立場になります。

おすすめの在宅ワーク16選

士業・コンサルタント

弁護士、弁理士、税理士、社会保険労務士、行政書士などの資格を活用して、相談を受けたりコンサルタント業務を行ったりする仕事。

お金	★★★★☆
やりがい	★★★★☆
時間と場所の自由	★★☆☆☆

スキルを身につけるには

・士業の資格をとる
・まずは現場で経験を積む
・豊富な知識とコミュニケーション能力の両方を身につける

仕事や収入を得るには

・独立開業する場合は、サイト作成やSNS発信などをして集客する
・経営者、同業者、金融機関、商工会議所などに紹介してもらう
・紹介サイトなどに登録して集客する

プログラマー

コンピューターを動かすプログラム言語を用いて、システムやソフトウェアを作る仕事です。WEB系、ゲーム系、システム系、金融系、通信系、システム構築、家電製品など、あらゆる事業に必要な人材です。

技術の進化が速く、半年前に覚えた知識が使えないということもあります。プログラミングは一生進化し続ける分野の1つといえるでしょう。

在宅でプログラマーになる場合は、小規模のWEBサイト、アプリ、ゲームソフトなどをゼロから自分で作れるようになると需要が高まります。

また、WEBデザイナー、ディレクターとチームを組むことで仕事の幅がぐんと広がります。

◆スキルを身につけるには

プログラミングには、複数のプログラム言語があります。まずは1つのプログラム言語を覚えることから始めましょう。

自分がどんなものを作りたいか考えたうえで、必要な言語を学ぶとよいでしょう。YouTubeや本から、基本的なことは学べます。アプリの開発ができるアプリ「MONACA（モナカ）」「Yappli（ヤプリ）」や、多機能なテンプレートを開放しているサービス「Wix（ウィックス）」「WordPress（ワードプレス）」などもあるので、まずは無料で試してみましょう。

◆仕事や収入を得るには

・実際に自分でサイトやアプリを作り、作品集を作成して営業活動をする
・自分で作成したプログラミングをオンラインで販売する
・システムを開発して、継続してサブスクリプション（＝サブスク／商品やサービスをある期間、定額で利用できる仕組み）で使ってもらう

◆働き方

エキストラ　アシスタントとして働く　時給2000円

アシスタントとして、時給でプロジェクトに参加させてもらいます。働きながら学ぶことができます。

脇役　個人で仕事を受ける　月30万円

在宅が可能な派遣会社に登録して仕事を紹介してもらったり、クラウド系のWEBサイトでプログラマーを募集しているところを探して仕事を受けたりします。

主役　自作したコンテンツを販売する　年商1億円

自分でプログラミングしたアプリやシステムを販売すれば、サブスクリプションモデルで報酬を得続けることが可能です。私たちが日々使っているSNSやWEBサイトもプログラマーが作ったものなので、「こんなアプリが欲しい」「こんなサービスが欲しい」をネット上で実現できると、多くのユーザーが利用してくれます。

おすすめの在宅ワーク16選

プログラマー

コンピューターを動かすプログラム言語を用いて、システムやソフトウェアを作る仕事。

お金	★★★★☆
やりがい	★★★☆☆
時間と場所の自由	★★☆☆☆

スキルを身につけるには

- まずは１つのプログラム言語を覚える
- YouTube動画や本から学ぶ
- アプリ開発できるアプリ「MONACA」「Yappli」や、多機能なテンプレートを開放しているサービス「Wix」「WordPress」などを無料で試してみる

仕事や収入を得るには

- 自分でサイトやアプリを作って、作品集を作成して営業活動をする
- 自分で作成したプログラミングをオンラインで販売する
- システムを開発して、継続してサブスクで使ってもらう

カウンセラー・コーチ

人が心に抱える病や悩みを解決へと導くお手伝いをする仕事です。

カウンセリングはクライアントの問題解決を手伝い、コーチはクライアントの目標を達成に導きます。

昨今は、離婚をスムーズに行う離婚カウンセラー、結婚がしたい女性のための婚活コーチ、モラハラDV夫との関係性をよくするセラハラカウンセラーなど、具体的な内容に特化したものが人気です。

◆スキルを身につけるには

人の心に寄り添う仕事なので心理学などの知識が必要です。

本や動画で学ぶだけではなく、カウンセリングやコーチングに特化した講座やセミナーを受講するのがおすすめです。特に資格は必要ないものの、公認心理師や臨床心理士の国家および民間資格のほか、NLP（神経言語プログラミング）、脳科学、心理学などの資格を持っている人も多いです。

また、人を助けるボランティアに参加することでもスキルを得ることができます。

◆仕事や収入を得るには

・ブログやSNSで仕事への思いや問題解決するための記事をアップし、共感してくれる生徒を募集する

・モニターとして、無料で知り合いにセッションをして感想をもらい、その事例をもとに営業活動をする

・交流会に参加して、自分をアピールしてクライアントを探す

◆働き方

エキストラ　情報発信&体験カウンセリングを行う　1時間3000円

悩みを抱えている人を救う記事や解決方法を情報発信しつつ、「無料カウンセリング」や「体験カウンセリング」を行います。実際にお客様と話をしてフィードバックを受けることができます。

脇役　個別セッション　1時間1万円

お客様の悩みをサポートすべく、セッションします。継続してカウンセリングをすれば、クライアントの成長を間近で見ることができ、自己の成長にもつながります。

主役　オンラインコミュニティ運営　月100万円

同じ悩みを持つ人同士でコミュニケーションがとれるオンラインコミュニティを作ります。参加者が自発的にシェアや拡散、知識のアウトプット、フィードバックをすれば、参加者の数はさらに増えます。

また、講座やセミナーなどを開催したり、本を出版したりすると、メディアでの仕事も増えるでしょう。

おすすめの在宅ワーク16選

カウンセラー・コーチ

カウンセリングはクライアントの問題解決を、コーチはクライアントの目標を達成に導く仕事。

お金	★★★☆☆
やりがい	★★★★★
時間と場所の自由	★★★☆☆

スキルを身につけるには

・カウンセリングやコーチングに特化した講座やセミナーを受講する
・公認心理師や臨床心理士の国家および民間資格のほか、NLP、脳科学、心理学などに関わる資格をとる
・人を助けるボランティアに参加する

仕事や収入を得るには

・ブログやＳＮＳで仕事への思いや問題解決するための記事をアップし、生徒を募集する
・モニターとして、無料で知り合いにセッションをして感想をもらい、その事例をもとに営業活動をする
・交流会に参加して自分をアピールし、クライアントを探す

広告プランナー

依頼を受け、ターゲットに合わせた広告の作成と運用を行います。Google や Yahoo! などの検索サイトやＳＮＳほか、どの媒体に広告を出していくかを相談しながら、静止画・動画・文章で商品やサービスを紹介します。

運用型と成果報酬型の２種類があり、前者は担当としてクライアントの広告運用を行い、後者はアフィリエイターのように成果に応じて報酬をもらいます。

◆スキルを身につけるには

広告プランナーになるための資格はありませんが、クライアントの意図を汲み取り、多くクリックされるなど反応を増やす広告を出すための知識が必要です。そのため、広告の管理画面を使いこなせることはもちろん、ライティング、バナー作成、動画編集などのスキルがあると、需要はより高まります。広告運用の方法は、本やYouTubeで学ぶことができますが、友人との何気ない会話や街中の看板、チラシから、「あ、これ広告に使えそう」とリサーチして、サンプルを増やしていくとなおよいでしょう。

◆仕事や収入を得るには

・知り合いに紹介してもらう
・自分でWEBサイトを作り、広告をかけて集客し、その成果を持って営業する
・雑務で働かせてもらい、広告運用を手伝わせてもらう
・クラウド上の求人サイトで募集してみる

◆働き方

エキストラ　バナー作成　1件1700円

広告に使用する素材を作る仕事です。バナー作成や動画広告作成を通して、反応がいいクリエイティブを学びながら実践していきます。募集はクラウド上の求人サイト

に数多くあります。

脇役　企業と契約する　月20万円

企業と契約をして仕事を行います。広告運用ができるだけでなく、マーケティング知識があると、希少性が高まります。

オンライン上で集客するために、どのようにしたら売上が上がるかの仕組みを知ることで、反応のとれるクリエイティブを作れるようになります。

主役　広告代理店を経営する　年商1億円

オンライン上で成約するためのプロモーションを考えたり、広告プランナーの育成など、広告代理店の業務は多岐に渡ります。

私自身も今、広告代理店経営と、女性専用の広告プランナー養成スクール、WEBマーケティングのコンサルタントをしています。多くのビジネスでは新規顧客獲得が課題となっていますので、その部分で能力が発揮できると重宝されます。

おすすめの在宅ワーク16選

広告プランナー

依頼を受け、ターゲットに合わせた広告の作成と運用を行う仕事。運用型と成果報酬型の2種類がある。

お金	★★★★☆
やりがい	★★★★☆
時間と場所の自由	★★★★☆

スキルを身につけるには

- 広告の管理画面を使いこなすことはもちろん、ライティング、バナー作成、動画編集なども学ぶ
- 広告運用の方法を本やYouTubeで学ぶ
- 友人との何気ない会話や街中の看板、チラシからリサーチする

仕事や収入を得るには

- 知り合いに紹介してもらう
- 自分でWEBサイトを作り、広告をかけて集客し、その成果を持って営業する
- 雑務で働かせてもらい、広告運用を手伝わせてもらう
- クラウド上の求人サイトで募集してみる

アニバーサリープランナー

子どもの誕生日にテーブルセッティングや料理をプロデュースするバースデープランナーや、記念日に撮影をするフォトプランナー、寝相アートやマタニティフォトを撮影するプランナーなど、家族イベントや記念日を素敵にデコレートする仕事です。

ＳＮＳが流行っていることで、写真を撮り拡散することもイベントの１つとなっていること、少子化が影響し、子どもの成長を盛大に祝う親も増えていることからニーズが高まっています。

◆スキルを身につけるには

特別な資格は必要ないので、InstagramやＷＥＢサイトで紹介している方法を参考にしてママ友たちとイベントなどを行い、経験を積みながらテーブルセッティングなどのスキルを磨くのがおすすめです。

最初は撮影もスマホで十分ですが、本格的に仕事を始めたら一眼レフなどを用意しましょう。

パーティーの催し方、記念日、マナーなどについても勉強しておきましょう。

◆仕事や収入を得るには
・作品をSNSで拡散し、仕事を募集する
・地域の催し物やママ向けのイベントに出店してみる
・イベントを開催し、人を募る

◆働き方
エキストラ　友達のアニバーサリーをデコレート　お茶代
まずは周りの友達のアニバーサリーをデコレートさせてもらいましょう。かかった実費以外の費用をもらわない代わりに、SNSで投稿することを条件にします。顔のところはスタンプで消すなど、個人情報に注意しながら投稿をしましょう。

脇役　ワークショップを開催する　会費1人2000円

ブースを借りて、1日写真スタジオでワークショップをします。可愛い小物やデコレーションしたブースで、子どもの写真を撮ってあげましょう。

我が子の笑顔を上手に引き出してくれると、依頼者の満足度も上がります。

ママ向けのイベントや、市区町村で行っている催し物に参加し、写真を撮って現像したものを後日郵送するというサービスも喜ばれます。

主役　オンラインイベントを企画・主催　1つのイベント企画・運営10万円

子どもの顔を可愛く写真に収めたい、SNS映えする写真を撮りたいという希望を叶えるセミナーや、イベントに必要な小物作りのワークショップなど、アニバーサリープランナーの強みを活かしたオンラインイベントを企画・主催しましょう。

おすすめの在宅ワーク16選

アニバーサリープランナー

テーブルセッティングや料理のプロデュース、写真撮影など、家族イベントや記念日を素敵にデコレートする仕事。

お金	★★☆☆☆
やりがい	★★★★★
時間と場所の自由	★★★☆☆

スキルを身につけるには

- InstagramやWEBサイトで紹介している方法を参考にして、ママ友たちとイベントを行って経験を積む
- パーティーの催し方、記念日、マナーなどについて勉強する

仕事や収入を得るには

- 作品をSNSで拡散し、仕事を募集する
- 地域の催し物やママ向けのイベントに出店する
- イベントを開催し、人を募る

カメラマン

スマホで簡単に写真は撮れますが、やはりプロが撮影したものは別格です。ブランディング向上にもつながるので、SNSのプロフィール写真や投稿写真をプロにお願いするという人も増えています。

また、企業のWEBサイトを作る際も写真は重要です。ビジュアルに訴えることができる写真は、ユーザーの記憶に残るので企業に重宝されます。

◆スキルを身につけるには

とにかく写真を撮りましょう。その際、用途を明確にし、画像に文字を入れる場合などはできあがりをイメージして撮影します。

また、写真を加工・編集できるソフト「Photoshop（フォトショップ）」などの使い方を学び、色加工の技術も覚えるとよいでしょう。

◆仕事や収入を得るには

・「Shutterstock（シャッターストック）」「PIXTA（ピクスタ）」「123RF（123アールエフ）」などの写真サイトに無料登録して写真を販売する
・プロフィール写真や宣材写真を撮りたいという起業家をモニター価格で撮影させてもらう
・SNSに作品をアップし、仕事を募集する

◆働き方

エキストラ　写真サイトで写真を販売する　月3000円

「Shutterstock」に写真を数百枚アップします。ダウンロードされると報酬が得られる仕組みです。サイトで売れている写真の構図を学ぶといいでしょう。

脇役　個人の写真を撮る　1日10万円

クライアントから仕事を受けて写真を撮ります。クライアントのブランディングに役立つ写真、ネットに上げる商品写真やサイトに載せる写真など撮影します。

主役　企業と仕事をする　1社300万円

ブランディングで価値を高められる、企業から指名されるカメラマンを目指します。クライアントに合わせた撮影場所、ファッション、メイク、照明や配置などを考えながら撮影をします。

写真1枚で、企業や個人のコンセプトを伝えられるほど腕を磨けば、おのずとあなたの価値が高まり、オファーが絶えないカメラマンとなります。

おすすめの在宅ワーク16選

カメラマン

SNSのプロフィール写真やInstagram用の写真、企業のWEBサイト用の写真など、さまざまな写真を撮影する仕事。

お金	★★☆☆☆
やりがい	★★★★☆
時間と場所の自由	★★★★★

スキルを身につけるには

・とにかく写真を撮る
・使用用途を明確にし、画像に文字を入れる場合などはできあがりをイメージして撮影する
・写真を加工・編集できるソフト「Photoshop」の使い方を学ぶ

仕事や収入を得るには

・「Shutterstock」「PIXTA」「123RF」などの写真サイトに無料登録して写真を販売する
・プロフィール写真や宣材写真を撮りたいという起業家をモニター価格で撮影させてもらう
・SNSに作品をアップし、仕事を募集する

人間力と能力の2つをバランスよく持とう

いかがでしたでしょうか。「面白そう」「そういえばこれ、昔少し興味あったんだよね」など、気になる職種が見つかったのではないでしょうか。

主役の仕事や主役級の稼ぎを得るためには、複合的に学ぶことが必要です（デザイン＋マーケティング、プログラミング＋コミュニケーション力など）。

特に在宅ワークは、「柔軟なコミュニケーションがとれる、システム開発ができる人」のように、人間力と能力の2つをバランスよく持った人が重宝されますので、マナーやコミュニケーション力など人間力も身につけられるよう学び続けていきましょう。

このChapterの最後に、わからないことを調べるときの検索のコツをお教えします。

いざ、在宅ワークを始めようと思ったとき、わからないことが出てくるはずです。そんなときは行動力を発揮し、ネット検索で調べてみましょう。

調べ方のコツ

①調べたいキーワードがあるとき

調べたいキーワード＋（スペース）＋「とは」で検索
→例「動画編集　とは」

②調べたいキーワードをさらに詳細に調べたいとき

調べたいキーワードと関連ワードの間にスペースを入れて検索
→例「動画編集　スマホ　おしゃれ」

③調べたいキーワードが書かれているサイトだけを検索したいとき

調べたいキーワードを「""」で囲んで検索
→例「"動画編集"」

④2つのキーワードのどちらかと、さらに別のキーワードを一緒に検索したいとき

2つのキーワードの間に「or」入れて2つのキーワードを（）で囲む＋（スペース）＋別のキーワードで検索
→例「(iphone or Android)　ソフト」

⑤あるキーワードを除外して検索したいとき

調べたいキーワードのあとに半角スペースを入れて「-」と除外したいキーワードを続けて入れて検索
→例「動画編集 -mac -iPhone」

⑥似たサイトを検索したいとき

「related:」のあとに元のURLを入れて検索
→例「related:https://www.yahoo.co.jp」

※③〜⑥はGoogle検索の場合

work 3

自分に合った働き方を自由に選ぶ

おすすめの16の在宅ワークの職種をご紹介しました。このワークでは、下記の空欄を埋めることで、あなたに合った在宅ワークでの働き方を浮き彫りにします。

1．19ページにある診断チャートは、どのような結果になりましたか？
（副業、業務委託、フリーランス、起業）

2．70ページの心理テストで、あなたは、主役、脇役、エキストラのどの働き方を選びましたか？

3．おすすめの在宅ワーク16選で、これならやってみたいと思った職種を２つ選んでみましょう。

・

・

たとえば上の質問の答えが「業務委託」「脇役」「ライターとアフィリエイター」だとしたら、ライターとアフィリエイターのどちらか、もしくは両方で、業務委託を受けて脇役の働き方ができる方法を、Chapter３の内容を参考にして考えてみましょう。

Chapter 4

在宅ワークで成功するための３つのポイント

ポイント①マインド

ここでは、在宅ワークで成功するためのポイントについてご紹介しましょう。

在宅ワークで成功するには、次の3つのポイントをおさえることが大切です。

その3つとは、**①マインド**、**②スキル**、**③ツール**です。

まずはマインドについて、お話ししましょう。


マインドとは、あなたが持っている思考のクセや思い込み、固定観念のことです。

たとえば、「在宅で起業するなんてむずかしい」というマインドを持っていたら、何か少しでもうまくいかないと、「ほら、やっぱりダメだ」と思ってしまいます。

あなたのマインドは、あなたが今まで選択した結果で作られています。

つまり、今と同じマインドでは、未来も今とさほど変わらないといえます。

あなたがなりたい未来の自分を手に入れるには、どのようなマインドを持つべきかをお話ししましょう。

人と比べない

仕事がうまくいっている他人のSNSを見ると、つい自分と比べてしまい、落ち込んでしまうことがあります。

しかし、どんなにうまくいっているように見える人でも、悩んだり、迷ったりしながら1歩ずつ前に進んでいます。

私自身も起業当初、「うまくいかなかったらどうしよう」と悩むたびに、すでに成功している起業家たちと比べて落ち込み、足が止まっていましたが、仕事などで知り合う起業家の先輩たちに、「みんな不安とともに動いているんだよ」と言われ、とても勇気づけられたことを覚えています。

誰にでもうまくいかない時期が必ずあります。

しかし、そのときに大事なのは、「できないから」とあきらめるのではなく、「できるためにはどうすればいいか」に焦点を当てることです。

私の経験から断言できるのは、どんなことでもあきらめなければ必ずできるようになるということ。

人と比べて落ち込んだり不安を感じても、前に進んでいきましょう。

よく、「きちんと学んでから動き始めよう」と考える人がいますが、これは違います。

なぜなら、人は行動することで、さらに学ぶからです。

目の前の仕事を一生懸命やっていれば、おのずと実力もついていくものです。

人の成功をうらやましく思うのではなく、自分の成長にフォーカスしていきましょう。

妄想をカタチにする

「もし今、なんでも叶うとしたら、何がしたいですか?」

一度、真剣に考えてみてください。

このときのコツは、「想像」ではなく「妄想」すること。ニヤけてしまうくらいの「妄想」をリアルにしてみましょう。

たとえば、「世界一周旅行に行く」と思いついたとします。そのとき、多くの人は、頭のどこかで「無理だ」と考えてしまうかもしれません。

しかし、そこで**「どうしたら世界一周旅行に行けるか?」と具体的なプランを考える思考へと移行させるのです。**

すると、「お金はどのくらいかかるのか」「休みはとれるのか」「英語が話せなくても問題ないか」といった現実的な問題が浮かんでくるでしょう。

実際に、旅行会社のWEBサイトを見ると、世界一周旅行は50万円あれば可能ですし、期間も最短で2週間ほどで行くことができます。

「英語が話せるか?」という問題も、「ポケトーク」のような翻訳機器があるので心配しなくても大丈夫でしょう。

となると、**2週間の自由な時間と50万円があれば、世界一周の夢は叶います。**

このように、ニヤニヤしながら妄想したことも「どうしたら叶うのか?」と考えることで、意外にも簡単に叶えられることに気づきます。

私はオンライン秘書として働いていたとき、「こんなことをやりたい」というリストを作り、当時の社長に送ったことがあります。

そのとき、「野川さんのプランは壮大すぎて意味がわからない」と笑われたのですが、リストに書いていた「広告代理店を開業する」という夢を2年後に叶えることができました。

人は夢を誰かに伝えることでリアル感が増し、それを現実にするために行動するようになります。考えるのはタダですし、言ったもん勝ちです。

ニヤけてしまうような妄想を人に話すことが、あなたの夢を叶える最短の道です。

最短でゴールを目指す

情報があふれるこの時代に、オリジナルの成功法則を見つけ出すのはむずかしいですし、探している時間がムダになってしまうことが多いです。

であれば、まずは**あなたがやりたいことと同じことで成功している人を見つけ、その人をロールモデルにしましょう。**そのジャンルで成功している人に教えてもらうことが、もっとも早くそのジャンルをマスターする方法です。

かくいう私も、オンライン秘書として起業家たちの事務サポートをすることで、ITスキルを働きながら覚えることができました。

それによって、最新のITのノウハウやマーケティングの知識をすんなり覚えることができたのです。

1人で仕事をしていると、どうしても「エゴ」が顔を出します。

「基礎を学んでもうまくいかない」「言われたとおりにやってもダメだ」と思ったときは、エゴが顔を出したと思ってください。

エゴとは、自分を甘やかすものであり、自分が傷つかないように防御するために出てくると認識しましょう。エゴが出たときこそ、自分が変わるチャンスだと思うことが必要です。

エゴが顔を出したときは、「出てきた出てきた、エゴちゃんが」と1回受け止めましょう。大丈夫です。エゴはみんなに現れるものなので、うまくいかないと思ってもそこでやめてしまうのではなく、あきらめずに続けることが大切です。

そうすることで足を止めることなく、最短で結果を出すことができます。

好きな人とだけ仕事をする

在宅ワークは、誰と働くかを自由に選べるという特権があります。

会社に勤めていると、どんなに苦手な人がいても、一緒に仕事をしなければいけません。

しかし、フリーランスで働いている人や起業・副業している人たちの多くは、一緒に働く人を主体的に選べます。私の周りの在宅ワークをしている人たちは、苦手な人とは仕事をしないと決めている人がとても多いです。

いくら仕事ができても、合わないと感じる人とはコミュニケーションがうまく図れませんし、パフォーマンスも下がります。そういう状態では、お互いにメリットがありません。だからこそ、好きな人としか仕事をしないと決めているのです。

ただし、自分が選ぶ立場であると同時に、選ばれる立場にあるということを忘れてはいけません。

自分自身も相手に、「一緒に仕事がしたい」と思われなくてはならないのです。

未来につながる投資マインドを持つ

今あなたが、時給1000円の仕事をしているとしましょう。

その仕事が必ず将来役に立つスキルになるなら、それをする価値はあります。

しかし、時給1000円以上にはならない、むしろ今後活用することのない仕事なら、その仕事は捨てる必要があります。

在宅ワークの場合、時給換算したらアルバイトより安い報酬からスタートすることもあります。

それを、「勉強しながら報酬をもらえる」と思うか、「安く働かされる」と思うかで、未来が変わってきます。

在宅ワークでは、将来の自分に投資する「投資マインド」という考え方が必須です。

仮に安い報酬だったとしても、それが未来に役立つと思うのなら、それは「投資」といえます。

たとえば、これから在宅ワークで起業しようと思ったとき、10万円のパソコンを買うことに対し、「これは必要な投資」と考える人もいれば、目先の10万円がもったいないと思い、「スマホでできるからいいか」と思う人もいます。

しかし、投資マインドがあれば迷わず10万円のパソコンを買うでしょう。スマホよりパソコンのほうが断然作業効率もよく、それほどの時間をかけずに投資した10万円をすぐに回収できます。

身にならなかったときのリスクを考えてしまう人もいるかもしれませんが、行動しなければプラスもマイナスもない人生になってしまうでしょう。

また、リスクをとらないということは、リターンも少ないことを意味します。

変化が激しい今の時代は、何もしないことのほうがハイリスクです。

投資マインドを育てることも、在宅ワークを成功させるコツの1つです。

在宅ワークで成功するためのマインド５カ条

1．人と比べない

・「できるためにどうすればいいか」に焦点を当てる
・行動しながら学んで成長する

2．妄想をカタチにする

・夢を「妄想」して、その実現方法を考える
・誰かにその夢を伝える

3．最短でゴールを目指す

・ロールモデルを探して参考にする
・「ダメだ」と思ったときこそ成長するチャンスだと考える

4．好きな人とだけ仕事をする

・苦手な人とは仕事をしない
・自分も選ばれる立場であるということを忘れない

5．未来につながる投資マインドを持つ

・未来に役立つかどうかを見極める
・リスクだと思うことでも未来のためになるなら選択する

ポイント②スキル

ポイントの2つ目は、スキルです。

すでにお話ししているように、在宅ワークでは子育ての経験や料理、掃除、友達の相談に乗ることや困っている人を助けたいという気持ちを持てることも立派なスキルになります。

『人生がときめく片づけの魔法』(サンマーク出版)を出版した片づけコンサルタントの近藤麻理恵さんも、趣味だった片づけのスキルを武器に成功し、日本だけでなく世界中にファンができました。

今は恋愛相談や婚活支援、似顔絵、ベッドの組み立てなど、需要があるものならなんでも仕事にできる時代です。あなたが好きなこと、時間を忘れて没頭してしまうことをビジネスにすることを考えてみましょう。

でもなかなか見つからない、という私のような人は、**まずは「AIに仕事を奪われないスキル」を身につけることをおすすめします。**

オックスフォード大学は、近い将来に現在ある仕事の約半数はAIに置き換えられるとする論文を発表しました。

以前、私が在宅で行っていたテープ起こしの仕事も、今は一瞬で文字起こしをしてくれるツールがありますし、スーパーなどではセルフレジが増えています。

事務やパートの仕事の多くはなくなる日も近いでしょう。

しかし、クリエイティブやエンターテインメントの分野、人の感情が判断基準になる職業はAIでは代替不可能です。

つまり、人にしかできないものこそ、今後も生き残る仕事であり、身につけるべきスキルというわけです。

また、スキルは1つより2つ、2つより3つ持っていたほうがあなたの希少性が高まります。

ＷＥＢデザインだけができる人より、ライティングができるＷＥＢデザイナーのほうが重宝されますし、写真撮影が得意でライティングができるＷＥＢデザイナーなら、その希少価値はとても高いです。ほとんどライバルがいないオンリーワンな人材になれるでしょう。持っているスキルが多いほど、１つひとつのスキルは一流でなくても大丈夫です。

では、今後どんなスキルを最低限取得するのが得なのかを詳しく紹介していきましょう。

パソコンスキル

オンラインビデオ会議

在宅ワークで打ち合わせをする場合、オンラインビデオで行うことがとても多いです。今はZoom、Google Meetなどのオンラインビデオ会議システムがあるおかげで、海外在住の方とも打ち合わせができるようになりました。

使い方はとても簡単で、先方が会議主催者の場合は、送られたURLをクリックするだけ。

自分が主催する場合は、アカウントを作ってミーティングをホストとして立ち上げ、URLを参加者に送ります。

画面を共有できるので、同じ資料をみんなで見ることもできます。また、会議を録画することも可能なので、議事録にもなります。

チャット

今は電話やメールの代わりに、チャットでやりとりすることが多くなりました。

電話は相手の時間を奪いますし、メールはタイムラグがあります。

気軽にコミュニケーションがとれるチャットは、カジュアルにやりとりできるため、今やビジネスの場でもコミュニケーションの常識となっています。

よく使われるチャットツールは、Chatwork（チャットワーク）、Slack（スラック）、Facebookメッセンジャー、LINEなどです。

私も仕事のやりとりはほぼチャットで完結しており、使い始めてから在宅ワークの効率がとても上がりました。

直接会わなくても十分良好な関係が築けるので、チャットツールはマスターしたほうがよいでしょう。

しかしながら、いくら気軽にコミュニケーションがとれるからといって、話し言葉やスタンプだけで返信をするのはNGです。あくまでも仕事なので、次のことに気をつけましょう。

・簡潔に書く
・結論から伝える
・相手が読みやすいように、改行、記号、カッコを使う
・相手との関係性により、絵文字や労いの言葉を使い分ける
・わかりやすい画像やサンプル例を添付し、イメージを共有する
・数値化してイメージを統一する

・リンクや引用を使い、過去の履歴を遡《さかのぼ》りやすくする
・相手の労力を奪わないような気遣いをする

Google機能を使いこなすスキル

メール、カレンダー、地図、フォーム作成、画像共有、動画共有など多岐にわたる機能があり、Googleアカウントを作れば、Googleのすべての機能が無料で使えます。

また、必要なファイルやデータをクラウド上に保存し、共有することができます。

リンクをクリックすれば、いつでも資料を見ることができ、修正した最新の資料が保存され共有されます。

時間管理スキル

在宅ワークは家で仕事ができるため、どうしてもオンオフの切り替えが上手にできないと悩む人も少なくありません。

自由に時間を使えるからこそ、自分で時間の管理をする必要があります。

私がオンライン秘書をしていたときは、子どもが幼稚園に行っている間と寝ている間に仕事をしていました。

本当は子どもが家にいるときも仕事がしたかったのですが、作業を遮《さえぎ》られるとイライラしてしまうため、「子どもがいないときにする」とマイルールを決めたのです。

そんなふうに自ら時間管理をすることで、オンオフのメリハリを上手につけることができるようになりました。

私が実際に行っていた時間を管理するためのコツをご紹介しましょう。

タスクを洗い出す

毎朝、ホワイトボードやメモにToDoリストを書き、緊急度の高いものからこなし、終わったら消していきます。こうすることで、達成感も味わえます。

外出の予定は1日にまとめる

郵便局や銀行、役所などの用事は行く日を決めて一気に終わらせます。

苦手な作業は誰かにお願いする

私は経理関係の作業が苦手なため、経理の仕事はプロにお願いしています。苦手なことを自分で頑張ってやるのは時間がかかりますしミスも起こりやすいものです。お願いできる誰かを見つけたほうが得策です。

仕事が終わったら自分にご褒美をあげる

「この作業が終わったら30分だけ昼寝をしよう」「ここまで終わったらケーキを食べよう」など、自分へのご褒美を準備しておくと、集中して早く終わらせることができます。

ルーティンを決める

「朝7時に犬の散歩に行く」「ゆっくりお風呂に入る」「チャットを見るのは1日3回」など、自分のライフスタイルに合わせたルーティンを決めておくと、効率的に動くことができます。

「一石二鳥」以上を目指す

子育てや介護に加え町内会やＰＴＡの役員、会社員など、女性は役割が多く、マルチタスクをこなしている方が多いです。

そういったことも踏まえて、１つひとつの行動が一石二鳥以上の結果をもたらすものになるよう意識しましょう。

たとえば家で仕事しているとき、子どもの年齢にもよりますが、横に座らせて宿題や勉強をさせれば、仕事をしつつ子どもの様子を見守ることができるため、一石二鳥です。子どもと一緒に犬の散歩をすれば、子どもとコミュニケーションがとれ、自分も運動でき、さらには犬も散歩できて一石三鳥です。

また私は、学校行事やＰＴＡなどの集まりも「今どきのママたちがどんな悩みを持っているんだろう？」というリサーチの場所として活用しています。

このように、役割が多い女性は大変ですが、考えようによっては、メリットがたくさんあります。**１つの行動で一石二鳥以上の結果を得られるように考えながら行動してみてください。**

在宅ワークで成功するために身につけたいスキル

1. パソコンスキル

便利なパソコンアプリ、ツールはどんどん活用する。

・オンラインビデオ会議

Zoom、Google Meet
→カメラつきのパソコンや携帯電話で、送られてきたURLをクリックするだけ！

・チャット

Chatwork、Slack、Facebookメッセンジャー、LINE
→アプリをダウンロードするだけ！

・Google機能

・資料やデータのクラウド保存が可能
・メール、カレンダー、地図、フォーム作成、画像共有、動画共有
→Googleのアカウントを作成するだけですべての機能を無料で使える！

2. 時間管理スキル

・タスクを洗い出す
・外出は予定を1日にまとめる
・苦手な作業は誰かにお願いする
・仕事が終わったら自分にご褒美をあげる
・ルーティンを決める
・「一石二鳥」以上を目指す

ポイント③ツール

3つ目のポイントは、ツールです。

在宅ワークは仕事場所が選べるからこそ、いかに自分で効率を上げ、モチベーションをアップできるかが重要になります。

仕事を効率よくするために、そろえておきたいおすすめのツールをいくつかご紹介します。

在宅グッズ

パソコンとWi-Fi

在宅ワークにおいて、パソコンとWi-Fiは必要不可欠なツールといっていいでしょう。

パソコンとWi-Fiさえあれば、カフェで仕事することも旅行中に仕事することも可能です。

スタンディングテーブル

立ちながら仕事をすると肩コリせず腰などに負担がかかりません。わざわざ買わなくても、ちょうどいい高さの棚などにパソコンを置いて、作業するのでもＯＫです。

ホワイトボード

アイデアが浮かんだらすぐ書けますし、日々のタスク（ToDoリスト）を書いておくのにも便利です。

タイマー

集中力の限界は90分といわれているので、タイマーをかけ時間を区切り、休憩をとりながら仕事をするのが効率的です。

アプリ

今は便利なアプリがたくさんあり、その多くが無料で使えます。

在宅ワークで役に立つ、積極的に使いたい無料アプリをご紹介しましょう。

気軽にコミュニケーションをとりたい

Facebook、Instagram、TwitterなどのSNSは積極的に使いましょう。憧れの人や一緒に働ける人との出会いの場になる可能性もあります。自分と同じ志を持っている仲間を日本中から探せます。

また、いろいろなことをリサーチするのにもすごく便利です。

キレイな写真を撮りたい

写真を撮るときは、用途に合わせてアプリを使い分けましょう。

自撮りなら、「BeautyPlus（ビューティプラス）」「SODA（ソーダ）」「B612（ビーロクイチニ）」というアプリが、美味しそうに料理を撮影したいなら「Foodie（フーディー)」というアプリが人気です。どれもすべて無料で使えますので、ダウンロードして使い方をマスターしましょう。

動画を編集したい

動画編集は、「VLLO(ブロ)」や「VITA(ビータ)」「CapCut(キャップカット」というアプリがおすすめです。

スマホで撮影した動画や写真をつなぎ、CMのような動画が簡単に作れます。ナレーション機能もあるので、自分の声を録音すれば、あっという間にオリジナルの動画を作ることができます。

仕事を獲得したい

今はスマホで簡単に仕事検索ができます。

「ランサーズ」「クラウドワークス」「ココナラ」などのアプリをダウンロードして無料登録しましょう。自分のスキルがどのくらいの相場でやりとりされているか調べてみるのにも役立ちます。

子育て支援をお願いしたい

「キッズライン」は24時間スマホで簡単に呼べるベビーシッター・家事代行サービスです。アプリがあるので、ダウンロードしてうまく活用しましょう。

アプリではないですが、自治体のファミリーサポートを調べて活用するのもよいでしょう。

私自身も、幼稚園のお迎えに行けないとき、区のファミリーサポートのお世話になりました。子育てがひと段落している女性が、娘を幼稚園まで迎えに行ってくれて、家で夕食を食べさせてくれるというサービスでしたが、娘もその方に会うことをいつも楽しみにしているほどでした。

お住まいの市区町村でサポート事業がある場合は、ぜひ使ってみてください。

在宅ワークで成功するためのおすすめツール

1. おすすめの在宅グッズ

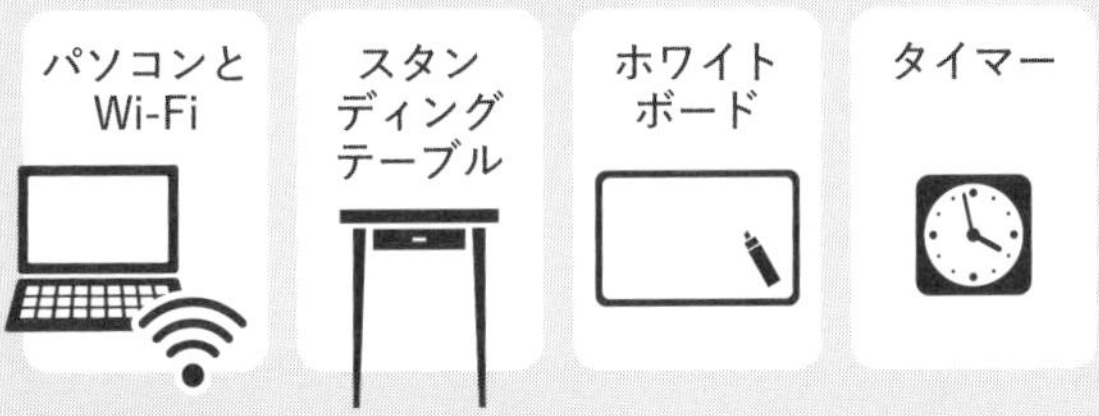
パソコンと
Wi-Fi
スタン
ディング
テーブル
ホワイト
ボード
タイマー

2. おすすめのアプリ

・SNSでコミュニケーションをとる

「Facebook」「Instagram」「Twitter」など

・キレイな写真を撮る

「BeautyPlus」「SODA」「B612」「Foodie」など

・動画を編集する

「VLLO」「VITA」「CapCut」など

・仕事を探す

「ランサーズ」「クラウドワークス」「ココナラ」など

・子どもを預ける

「キッズライン」など

人生は自分でデザインできる

「あなたは、自分が小さい頃に思い描いていたような大人になれていますか？」

そう聞くと、多くの人は「ＮＯ」と答えるでしょう。

たしかに、私自身もなれていないかもしれません。

昔は、キレイな広い家で心穏やかな生活を送りたいと思っていましたが、現実はというといくつになっても悩みはありますし、思いのほか、忙しい日々を送っています。

少し前の私は「お金があれば、すべての悩みが解決する」と信じていました。

しかし、子どもが大きくなれば、勉強や進路、受験の悩みが出てきますし、病気や介護など、ほかにも心配ごとが次々と出てきます。

そんな悩みがあっても、私は今の自分が大好きです。

なぜなら、在宅ワークを通して、「人は変わることができる」と実感したからです。

人は変化を嫌います。しかし、流れが速い時代のなかで、変わらないまま現状維持していると時代に取り残されてしまいます。

今安定した優良といわれている企業も、数年後はどうなっているかわかりません。どんなビジネスであれ、時代に合ったイノベーションを取り入れる必要があります。

受動的に生きていると、毎日が流れるように過ぎてしまい、思い描いている未来を手にすることはできません。それではあまりにもったいないです。

勇気を出して少し行動するだけで、人生は大きく変わります。人生は自分でデザインできるのです。

どう生きていきたいのか、どんな生活を送りたいのか、これから何を実現したいのかを考えて、それを叶えるために一歩踏み出しましょう。そうすれば、きっとあなたも「こうなりたい！」と思っていた自分になることができます。

在宅ワークという武器を身につけ、時代の波に乗れる生き方を自分でデザインしていきましょう。

work 4

ワクワク未来マップを作る

妄想をカタチにするマインドについてお話ししました。このワークでは、下記の空欄を埋めることで、妄想を叶えるためのマップを作成します。

1．あなたが叶えたい夢を１つ書いてみましょう。
（例：世界一周旅行に行きたい）

2．それを実現するために何が必要か３つ書いてみましょう。さらに、その３つを実現するための方法を３つ考えて書いてみましょう。

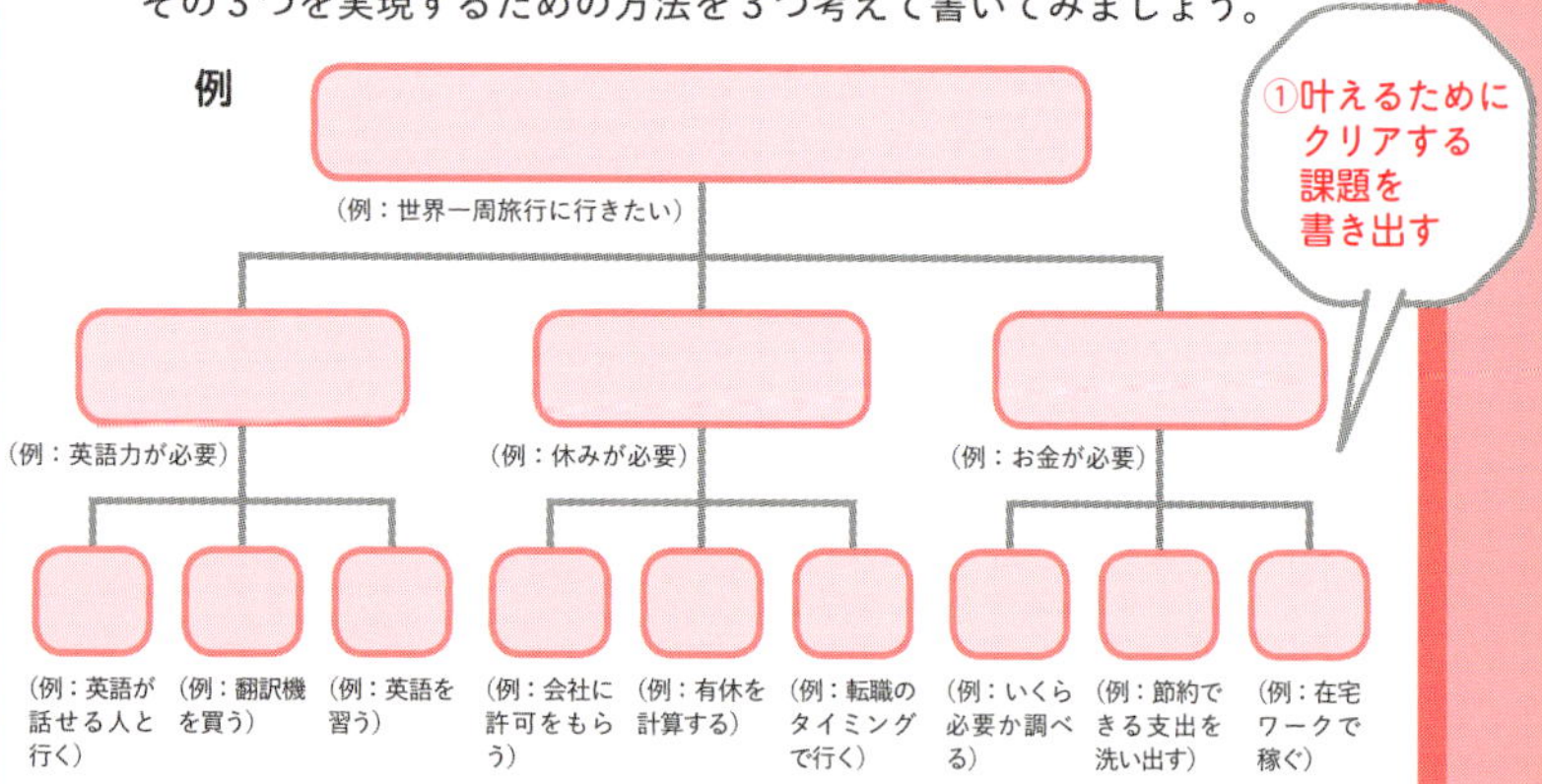

アクションプランを作る

（例：お金についての場合
➡ 毎月２万円節約して、３万円稼いで月５万円を預金する）

②リサーチして具体的にする

アクションプランまで書いたら、そのアクションプランを実行に移していきましょう。夢を考えるだけだとむずかしいと思ってしまいますが、具体的にイメージすると、できそうな気がしてきませんか？

キーワードは、「ワクワク妄想しながら考えること」。

ぜひ、マップを完成させてみてくださいね。

付録

在宅ワークでよくある質問Q&A

いざ在宅ワークを始めようと思った方から、
よく聞かれる質問をまとめました。
ぜひ、参考にしてみてください。

Q1

夫の扶養範囲内で働くにはどうしたらいいですか？

A

ご主人の扶養内で働きたいという人はとても多いです。

「扶養内で働く」とは、扶養される側の収入が一定の金額未満であれば、ご主人（または家計を主に支える人）の扶養に入ることができ、住民税や所得税の控除を受けられたり、社会保険料を納めなくても健康保険に加入できたりと、さまざまなメリットがあります。

メリットを受けたい人は、扶養範囲から外れないように収入に注意する必要があります。

給与年収が103万円以下の場合は配偶者控除、103万円～201万円以下の場合は、配偶者特別控除が適用されます（2021年6月現在）。

どれくらい稼ぐかにより、税金も変わります。
・年収100万円を超える…住民税が発生する（各自治体により異なる）。
・年収103万円を超える…所得税が発生する。
・年収130万円を超える…夫の社会保険の扶養から外れる。
・年収150万円を超える…配偶者特別控除の満額（38万円）が受けられなくなる。
・年収201万円を超える…配偶者特別控除から外れる。
※ご主人の年収が1220万円を超えると、控除は受けられません。

つまり、最大のメリットを受けながら働きたい場合は、100万円÷12カ月＝8万3333円以下の月収でなければならないということです。

自分の人生を謳歌したいのであれば、扶養内にこだわりを持つ必要はないでしょう。その場合は、まずは月収8万3333円以上、年収100万円以上を目標として働くことを目指しましょう。年収100万円以上を安定して稼げるようになったら扶養を外れるという選択をするのも1つです。

Q2 夫にバレずに働くことは可能でしょうか？

A

「夫にバレずに働きたい」という相談を受けることがあります。

「いつか離婚したいのでお金を貯めたい」

「ある程度、収入が安定してから家族には報告したい」

「反対されるから黙っていたい」

など、理由はさまざまですが、ご主人にバレずに働きたいと考える人は意外に多くいます。

結論を先にお伝えすると、ご主人にバレずに働くことは可能です。

在宅ワークは働く時間が自由なので、ご主人が会社に出勤している時間に仕事をすればバレることはありません。

ただし、扶養から外れる場合は、ご主人の会社に申告をする必要があります。

そのため、「扶養から外れるタイミングでご主人に報告する」というのがいいかもしれません。

ご主人の会社に扶養が外れる旨を伝えると、会社側で処理してくれます。

その場合も、あなたがいくら稼いでいるかはご主人にバレませんので、ご安心ください。

Q3 顔出しをせずに働くことはできますか？

A

顔出しをすることに抵抗があるという方がいます。

Chapter 2でお話したとおり、エキストラや脇役の仕事であれば、顔出しをしなくてもまったく問題なく働くことができます。

ただ、「主役」の場合は、顔出しをするほうが俄然うまくいきます。

なぜなら、顔出しをすることで信頼を獲得することができるからです。

今の時代は、ネットで集客することが一般的です。

しかし、多くの人がネットの情報を詳しく見ませんし、信じませんし、さらにそこから申し込みをしたり購入したりするなどの行動に移しません。

だからこそ、「見ない、信じない、行動しない」という3つの壁をお客様に突破させるには、可能なら顔出しをしたほうがいいのです。

かくいう私も、最初は「ママ友にバレたらどうしよう」「過去の職場の人に見られたらイヤだな」と思っていましたが、「やる！」と決めたことですし、勇気を持って顔出ししました。

すると、意外にも周りの反応は優しく、応援してくれる人が多くてほっとしたことを覚えています。

私の周りにも、「顔出ししなきゃよかった」という人は1人もいません。

ただし、顔出しをすると信頼度がぐんと増すというメリットがありますが、個人情報が洩れるかもしれないというデメリットもあります。

あなたの働き方に合わせ、顔出しをするかどうか慎重に自己責任で決めるようにしましょう。

Q4

集客できるか不安です……。

A

「集客ってどうやってやるの？」と聞かれることが多いですが、私はいつも「集客は友達作りと一緒だよ」と答えています。

たとえば、子どもに「友達ってどうやって作るの？」と聞かれたら、「自分から話しかけてみたら？」「公園に行ってみたら？」「習い事してみようか？」などのように答えるでしょう。

集客も同じで、「困っている人がいたら自分から話しかけ、その人の力になる」「人がいそうなところに出かけてみる」などのように考えれば、集客に過剰な不安を抱くことはなくなります。

集客の方法は、ほかにもたくさんあります。

・人に紹介してもらう（知り合い・既存顧客・クライアントなど）
・情報発信をして見つけてもらう（SNSやブログなど）
・交流会や勉強会に参加する
・有料で集客する（広告・チラシ・DMなど）

さまざまなツールを使ったり、そういう場所に出向いたりする習慣をつけましょう。

最初から満足のいく集客はできないかもしれませんが、自ら行動し、発信を続けることで必ず集客できるようになります。

最初の数カ月で「うまくいかない」とあきらめる必要はありません。

小さなことから着実にやれば、必ずよい結果へとつながります。

Q5

会社にバレずに副業できますか？

A

会社勤めをしている人は、給与以外に年間20万円以上の所得が発生した場合、確定申告をする必要があります。

確定申告をしたことが会社にバレることはありませんが、住民税の額で副業がバレる可能性があります。

会社員の場合、住民税の通知は会社に届きますが、そのとき、似たような家族構成で同じような年収の人と住民税の金額が違うと、「あれ？　この人は会社のお給料以外の収入があるのかな？」と思われるかもしれません。

会社には絶対にバレたくないという場合は、確定申告の際、「給与所得以外の住民税の徴収方法」という欄がありますので、そこで「自分で納付」にチェックをすれば

大丈夫です。

給料分の住民税は会社に通知が届き、それ以外の収入分の住民税は自宅に届くので、会社にバレずに済みます。

ただ副業をする場合は、会社の規定に従うことが前提です。

Q6 在宅ワークすることを家族に反対されていて協力を得られません……。

A

家でパソコンに向かっていると、家族から「また仕事してる！」と言われたり、子どもから「ママ、もう仕事やめてよ」などと言われたりすることがあります。

家族のために働いているのに、その家族から働くことを応援してもらえないのはとてもつらいですよね。

しかし、そんなときこそ、**あなたが楽しく仕事をしている姿を見せましょう。**ママが楽しそうに働いている姿を見せれば、自然と応援してくれるようになります。

かくいう私も今では、仕事が忙しいとき、「家族はチームだから、協力してね」と言い、家族に食事を作ってもらっています。

ただし、「(私は働いているんだから) これやってよ!」などという言い方をするのはNGです。

「今、私はこれを頑張りたいから、協力してほしい」という言い方でお願いすると、相手も頼られていることをうれしく思い、協力してくれるでしょう。

在宅ワークはいかに自分が働きやすい環境を作るかがポイントです。

そのためには、周りの人に感謝の気持ちを忘れないこと、周りに機嫌よく協力してもらえる環境をつくるための工夫もとても大事です。

おわりに

5年前の私は、「あのとき、違う人生を選んでいたら、私の人生はもっと変わっていたかもしれない」と思いながら、悶々とした日々を送っていました。


子どもがいて外に働きに行けない私は、仕事ができないのだろうか。

子どもを産むとき、仕事をやめなければよかった。

結婚する前に、もっと資格をとっておけば、出産後もスムーズに復帰できたかもしれない。

子どもがいても、仕事も子育てもプライベートも、すべてうまくいっているあの人と私は何が違うんだろう。

あの人にあって、私にないものは何だろう。

そんなことを思っていました。


子どもはもちろん可愛いし、産んでよかったと思っています。

結婚したのも自分の意思です。

子どもを抱っこしているとき、近所のおばあちゃんに「今が一番幸せでしょう」と言われて、「はい」と答えられる自分もいました。

でも、自分はもっと何かできるんじゃないか。

そう思っていたのも事実です。


そして、5年後。

女性が仕事で悩まない社会を作るために、こうして本を書かせていただくほどになりました。

でも、「あの頃の私と今の私、何が違うんだろう?」と考えてみても、あまり変わりません。

経済的に豊かになり心の余裕を持つことができたことは紛れもない事実ですが、突然バリバリのキャリアウーマンになったというわけでもありません。
それくらい、在宅ワークは今の自分のあり方を変えずに稼ぐことができる素晴らしい働き方なのです。

子どもが小さいから。
頼れる両親が近くにいないから。
夫が帰ってくるのが遅いから。
やりたいことがないから。

言い訳の達人だった私でも起業までできたのですから、あなたにもきっとできます。
大丈夫です。やってみたからといって悪い結果になることは絶対にありません。
やらないでいるときより、悪い結果になることはないからです。

行動して、はじめて未来が変わります。

未来を変えるために必要なことは、「今、自分が何を選択するか」です。


自分がどう生きていきたいか。

それを自分で決められる時代になっています。


あなたが素直に行動すれば、必ず叶えることができます。

まずはほんの少しでいいので行動を起こしてみましょう。

気になっていたことを検索してみたり、友達にこういうことをやりたいと話してみたり、そんな些細なことでも、行動することで見えてくることが必ずあります。

この本を読み終えたあなたが、未来に向かって動き出せますように。

ここでの出会いが、あなたが一歩を踏み出すきっかけになったら、うれしいです。

野川ともみ

著者紹介

野川ともみ（のがわ・ともみ）

愛媛県生まれ。大学卒業後、ホームページ制作会社で営業兼 WEB デザイナーを経験。2 人目の出産を機に専業主婦となるが、充実感より喪失感を覚え社会から取り残された感覚になる。その後、在宅ワークという働き方を知り、オンライン秘書として復職。その時に延べ 200 人以上の起業家の働き方に触れ、「転職」ではなく「起業」という働き方を知る。その後、在宅で起業し、現在は株式会社アトラクト、RIDE 株式会社の 2 社を経営、コンサルティングと広告代理店業は年商 2 億円以上、運用実績は 3 億円を誇る。

過去の自分のように、「得意なことがない」「やりたいことが見つからない」という人でも「何かやってみたい！」という思いさえあれば、自由に自分らしく働ける女性コミュニティ「女性の生き方応援レシピ The Cheers」を主宰している。これまで、200 人以上の女性たちの在宅ワークをサポートしてきた。

無理《むり》せず毎月《まいつき》5万円《まんえん》！

超初心者《ちょうしょしんしゃ》でも稼《かせ》げる在宅《ざいたく》ワークの始《はじ》め方《かた》 〈検印省略〉

2021年　8　月 24　日　第　1　刷発行

著　者――野川　ともみ（のがわ・ともみ）

発行者――佐藤　和夫

発行所――株式会社あさ出版

〒171-0022　東京都豊島区南池袋 2-9-9 第一池袋ホワイトビル 6F

電　話　03 (3983) 3225 (販売)

03 (3983) 3227 (編集)

F A X　03 (3983) 3226

U R L　http://www.asa21.com/

E-mail　info@asa21.com

印刷・製本（株）シナノ

note　http://note.com/asapublishing/

facebook　http://www.facebook.com/asapublishing

twitter　http://twitter.com/asapublishing

ISBN978-4-86667-299-1 C2034